SELBSTHEILUNG DURCH
DIE KRAFT DER GEFÜHLE

Wolfgang Weikert

SELBSTHEILUNG DURCH DIE KRAFT DER GEFÜHLE

Mit positiven Gedanken die seelischen Ursachen von Krankheiten
und vorzeitigem Altern besiegen

Inhalt

Kraft der Bilder

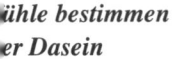

*...ühle bestimmen
...er Dasein*

Vorwort

Geht es Ihnen auch manchmal so: Sie haben morgens Streit mit Ihrer Frau, und bereits auf dem Weg in die Arbeit fangen die kleinen Katastrophen an? Sie vertreten sich den Fuß, der Bus fährt Ihnen vor der Nase davon, der nächste ist brechend voll, und Sie werden auch noch dumm angeredet, weil Ihre Aktentasche angeblich im Weg steht? Am Schreibtisch brechen Ihnen die Bleistifte ab, das Mittagessen in der Kantine ist ungenießbar, und am Ende des Arbeitstages haben Sie bei weitem nicht das Pensum geschafft, das Sie sich vorgenommen haben? Was war los? Diese kleine Verstimmung am Morgen kann doch unmöglich schuld daran sein, daß Sie sich den Fuß verstauchen oder daß das Essen nicht schmeckt.

Wenn einfach alles schiefgeht

Wenn wieder einmal alles schiefgeht, kann es an einer schlechten Verfassung Ihrer Gefühlslage liegen.

Weshalb haben wir Verständigungsschwierigkeiten mit unseren Mitmenschen, weshalb werden viele Wünsche niemals wahr, weshalb gelingt es uns nicht, Ziele zu erreichen, weshalb leiden wir unter Kopfschmerzen oder Herzbeschwerden ohne daß der Arzt eine organische Ursache findet?

Gefühle bestimmen unser Leben

Sie sind allgegenwärtig in uns und um uns. Wir lassen uns von ihnen leiten und trauen ihnen nicht. Die Rede ist von unseren Gedanken und Gefühlen, die uns in kaum vorstellbarer Art und Weise beeinflussen. Obwohl diese Erkenntnis in zunehmendem Maße in die klassische Schulmedizin einfließt, gibt es hier noch eine Menge Berührungsängste. Gefühle und Gedanken lassen sich eben nicht so leicht fassen und emotionale Ursachen für eine Erkrankung nicht auf die Schnelle mit einer Tablette beheben.

Hier ist ein anderer Ansatz notwendig, ein Ansatz, mit dem Sie es schaffen, die Kraft Ihrer Gedanken und Gefühle, wie Sie sie negativ erlebt haben, ins Positive zu kehren. Wenn unsere Emotionen dazu beitragen, daß wir krank werden, können sie uns auch helfen, wieder gesund zu werden; wenn sie uns unzufrieden machen, können sie uns auch zufrieden machen.

Mit Psycho-Power die Kraft der Emotionen nutzen

Mit Hilfe des neuen Psycho-Power-Programms können Sie glücklich, leistungsfähig und gesund werden oder bleiben. Sie lernen eine Vielzahl von erprobten und wissenschaftlich überprüften Mental-Methoden kennen, die Sie nach ein wenig Übung in allen Lebenslagen, beispielsweise zur Entspannung in der Mittagspause oder zum Einschlafen, aber auch zur kurzfristigen Konzentrationsverbesserung anwenden können. Sie werden damit sogar in der Lage sein, im erwähnten überfüllten Bus seelisch im Gleichgewicht zu bleiben und entspannt und frisch auszusteigen.

Ein Wunder? Kaum zu glauben? Fangen Sie gleich an. Ein wenig Theorie und schon geht es los mit den Übungen. Sie werden überrascht sein, wie schnell sich der Erfolg einstellt und wieviel Spaß die Arbeit macht. Viel Vergnügen!

Entspannt, leistungsfähig, glücklich und gesund – mit Psycho-Power-Übungen können Sie es werden.

7

DAS PSYCHO-POWER-PROGRAMM

*Gefühle steuern unser
Leben mehr, als viele von
uns wahrhaben wollen.
Meist nehmen wir ihre
Kraft nur dann zur
Kenntnis, wenn sie uns
krank oder deprimiert
machen – daß Streß zum
Herzinfarkt führen kann,
weiß jeder.
Lernen Sie in diesem
Buch, die Kraft Ihrer
Gefühle positiv einzuset-
zen! Gefühle können
glücklich und gesund
machen – man muß nur
wissen, wie!*

Wie Gefühle glücklich und gesund machen

Was ist das neue Psycho-Power-Programm?

»Psycho-Power« bedeutet, das Potential Ihrer Gedanken und Gefühle zu Ihrem eigenen Nutzen richtig einzusetzen.Wörtlich übersetzt heißt Psycho-Power »Macht des Geistes«. Dahinter verbergen sich eine Reihe von Mental-Methoden, die Ihnen helfen können, den Alltag mit seinen vielfältigen Belastungen und seelisch verursachte Erkrankungen (und das sind nach Aussagen von Gesundheitsexperten fast alle Krankheiten) allein mit der Kraft Ihrer Gedanken und Ihrer Vorstellungskraft besser als bisher bewältigen zu können.

Gesund mit Gefühlen

Krankheiten bekämpfen und vorbeugen

Ob Sie mit häufigen Kopfschmerzen zu kämpfen haben oder schlecht zu Fuß sind, ob Sie mit dem Herzen oder mit dem Magen reagieren, ob Ihre Sexualität unter bestimmten Belastungssituationen leidet – in einem der folgenden Kapitel finden Sie Anregungen, Ideen und konkrete Handlungsanleitungen, die Ihnen helfen können, besser damit umzugehen und gegebenenfalls wieder ganz gesund zu werden, falls Sie schon erkrankt sind. Für Gesunde bietet dieses Buch viele Hinweise, wie das Leben vorbeugend so gestaltet werden kann, daß Krankheit darin nur wenig Platz hat.

In jeder Lage brauchbar

So können Sie sich zum Beispiel mit Hilfe einer Psycho-Power-Technik schnell und einfach entspannen, wenn es nötig ist. Diese Technik kann sowohl am Morgen für einen entspannten Tagesbeginn sorgen, wie auch am Abend das Einschlafen erleichtern. Außerdem können Sie sie zu Hause oder am Arbeitsplatz in der Mittagspause einsetzen, um frisch und ausgeruht die zweite Tageshälfte zu absolvieren. Genauso hilft die Psycho-Power-Technik vor

Gegen viele Beschwerden können Sie mit Psycho-Power-Methoden vorgehen – denn viele Beschwerden haben ihre Ursache in unserer seelischen Verfassung.

einem wichtigen Gespräch, um eventuelle Ängste zu reduzieren, oder nach einem Streit, um wieder zur Ruhe zu kommen.

Leicht zu erlernen

Das Erlernen der Psycho-Power-Übungen kostet Sie keinen Pfennig Geld, sondern nur etwas guten Willen und ein wenig Geduld. Das Verfahren ist im Gegensatz zu den meisten anderen Entspannungstechniken ohne komplizierte und langwierige Kurse und vor allem ohne Lehrer zu erlernen. Innerhalb von einer Woche können Sie die Methode anwenden und ihre heilsame und beruhigende Wirkung an sich selbst spüren. Durch regelmäßige Anwendung und Übung können Sie lernen, sich in Sekundenschnelle auf Kommando zu entspannen.

Der rote Faden in diesem Buch

Der enge Zusammenhang zwischen Ihren Gedanken, Gefühlen und Einstellungen einerseits, Ihrem Körper und Ihren Handlungen andererseits, wie er in diesem Buch einsichtig gemacht wird, zeigt deutlich, wie sehr die Psyche mit körperlicher Gesundheit verbunden ist.

Jedes einzelne Organsystem, das hier vorgestellt wird, läßt sich mit Hilfe von Psycho-Power-Methoden mehr oder weniger stark beeinflussen – damit Sie Spaß an einem erfüllten, zufriedenen und glücklichen Leben haben können. Alle Systeme stehen in enger Wechselwirkung zueinander und hängen so eng zusammen, daß es manchmal ganz leicht sein kann, mit nur einem einzigen Gedanken einzuwirken.

Gesund bleiben – gesund werden

In jedem Kapitel finden Sie wichtige Hinweise, die Ihren Horizont erweitern und Ihnen helfen, mit Hilfe Ihrer Psyche gesund und leistungsfähig zu bleiben.

Wenn Sie schon krank sein sollten, finden Sie hier Möglichkeiten, damit vernünftig und sinnvoll umzugehen. Denn viele Krankheiten sind nichts anderes als Signale unseres Organismus, die wir nur lernen müssen zu verstehen. Es sind Hilferufe, mit denen er uns sagen will: Ändere etwas und es geht dir besser, unterstütze mich, und ich funktioniere wieder!

Hilfe sogar bei Krebs

Mit Psycho-Power können Sie kleinere Erkrankungen, wie zum Beispiel häufig auftretende Erkältungen, schneller als üblich überstehen oder sie sogar verhindern. Sie müssen nur mit geeigneten Übungen Ihr Immunsystem stärken und bei der Krankheitsabwehr unterstützen. Auch bei schweren Erkrankungen wie Asthma bronchiale, Spannungskopfschmerzen, Migräne, Herz-Kreislauferkrankungen oder sogar Krebs können Psycho-Power-Methoden helfen, Ihre natürlichen Selbstheilungskräfte zu mobilisieren und mit diesen Erkrankungen besser fertigzuwerden.

Psycho-Power-Techniken sind Methoden, mit denen Sie sich selber helfen können. Hier tut nicht jemand was für Sie, sondern Sie tun etwas für sich selbst!

Ohne Sie geht es nicht!

Dieser Aspekt ist sehr wichtig, denn immer mehr Menschen verlassen sich auf andere, wollen, daß ihnen geholfen wird, ohne selbst etwas zu tun – und wundern sich dann, wenn der Erfolg ausbleibt. Das heißt nicht, daß Psycho-Power-Methoden den Arzt ersetzen, sondern vielmehr, daß sie konventionelle medizinische Methoden unterstützen und wirksamer machen können. So wies der amerikanische Radiologe Dr. Carl O. Simonton nach, daß selbst bei schwersten Krebserkrankungen die Kombination von Psycho-Power-Methoden mit herkömmlicher Behandlung erfolgreicher ist als die alleinige Anwendung schulmäßiger Verfahren. Aber gerade hier kommt es auf Sie und Ihre Mitwirkung an. Der Arzt kann nur helfen, wenn der Patient sich selbst helfen will.

Machen Sie sich bewußt, daß ein Gang zum Arzt Ihnen nur hilft, sich selbst zu heilen! Den größten Anteil an einem Gesundungsprozeß hat Ihre Psyche.

Ihr Arzt – Helfer bei der Selbstheilung

Der Gang zum Arzt soll die Selbstverantwortung nicht ersetzen, sondern ergänzen. Der Arzt ist Helfer bei der Selbstheilung, aber kein Heiler. Er kann nichts in Gang setzen, ohne die Mitarbeit des Patienten; nichts anderes tun, als die körpereigenen Selbstheilungskräfte aktivieren helfen. Am Schluß heilt der Körper sich – mit Hilfe des Arztes – selbst.

11

Vielfältige Mental-Methoden

Psycho-Power-Methoden werden heute in allen möglichen Lebensbereichen eingesetzt. Leistungssportler wie Boris Becker oder Michael Schumacher praktizieren Verfahren, die den Psycho-Power-Methoden ähnlich sind. Mit Hilfe mentaler Techniken bereiten sie sich geistig auf Wettkämpfe vor. Der Arzt Dr. Hannes Lindemann überquerte in einem Faltboot den Atlantik und hielt sich während der Überfahrt mit einer Entspannungsmethode wach und fit. Manager erlernen heute in Seminaren, wie sie die Kraft der geistigen Vorstellung für sich nutzen können. Ärzte und Psychologen wenden sie in ihren Praxen an und helfen damit ihren Patienten, wieder gesund zu werden.

Nicht nur für Spezialisten

Psycho-Power-Methoden sind nicht nur etwas für Leute, die sich einen hochbezahlten Therapeuten leisten können.

Bisher war dieses Wissen entweder nur vermögenden Personen zugänglich, die sich entsprechende Experten leisten konnten, oder man mußte das Glück haben, an einen verständnisvollen Arzt oder Psychologen zu geraten, der diese Verfahren einsetzt, um seinen Patienten zu mehr Lebensfreude und Gesundheit zu verhelfen. Einzelne Techniken konnte sich der aufmerksame Leser bislang nur mühsam aus verschiedenen Büchern zusammensuchen. In diesem Kursbuch werden erstmals die erfolgreichsten dieser Techniken unter dem Begriff »Psycho-Power« gesammelt vorgestellt.

Wer kann Psycho-Power anwenden?

Alle in diesem Buch vorgestellten Verfahren sind schnell und einfach zu erlernen. Sie brauchen keinerlei Vorkenntnisse – und falls welche vorhanden sind, schaden sie nicht!
Mit einer Übung aus dem Kapitel »Ruhig und gelassen« lassen sich z. B. Unruhe und Nervosität im Kindes- und Jugendalter (wenn sie keine organische Ursache haben) von den Eltern selbst behandeln und reduzieren. Sie werden erstaunt sein, wie schnell Ihre Kinder die Technik begreifen und nicht nur ruhiger werden, sondern in der Regel auch bessere Zensuren mit nach Hause bringen. Denn das ist eine »Nebenwirkung« der Entspannungsverfahren: Wer keine Angst mehr hat, kann auch besser lernen!

Ganzheitliche Behandlungsmethoden

Das Psycho-Power-Programm setzt zwar auf den ersten Blick einseitig beim Denken und Fühlen einer Person an, aber da hier alle Veränderungen beginnen, verstehe ich diese Methoden als ganzheitlich. Schließlich ist ein anderes Denken und Fühlen die Voraussetzung für verändertes Verhalten in anderen Bereichen, wie z.B. bei der Bewegung oder der Ernährung.

Wenn Sie also mit Psycho-Power-Methoden arbeiten, denken Sie daran, daß das nur der Anfang ist. Pflegen und kultivieren Sie bitte auch Ihr Interesse für andere Lebensbereiche. Sie finden dazu immer wieder weiterführende und vertiefende Hinweise.

Jede Reise beginnt mit dem ersten Schritt. Aber sie wird nur dann ein Erfolg, wenn man danach auch den zweiten und dritten macht!

Kleine Ursache – große Wirkung! Der Erfolg der Psycho-Power-Methoden besteht darin, daß sie ein Ungleichgewicht in Seele oder Organismus beheben.

Wie funktioniert das Psycho-Power-Programm?

Ob Sie Psycho-Power-Methoden im Alltag anwenden, um Befindlichkeitsstörungen vorzubeugen, sie reduzieren oder zum Verschwinden bringen wollen, oder ob Sie bei bestimmten Erkrankungen Linderung oder Heilung suchen:

> **Ziel ist das Gleichgewicht**
> Psycho-Power-Übungen zielen immer darauf ab, ein erlebtes Ungleichgewicht innerhalb Ihres Organismus oder innerhalb Ihrer Familie ins Gleichgewicht zu bringen.

So ist z. B. bei einem unruhigen, nervösen Kind das Gleichgewicht zwischen schulischen und familiären Anforderungen durcheinander geraten. Für die betroffenen Eltern und Lehrer äußert sich dieses Phänomen auf der Verhaltensebene des Kindes. Es ist unkonzentriert und zappelig. Für das Kind sieht es anders aus: Es fühlt sich nicht wohl, ist ängstlich, kann den Anforderungen durch seine Umwelt nicht standhalten.

Der zentrale Ansatzpunkt der Psycho-Power-Verfahren ist das Denken und Fühlen einer Person. Hier setzen die Methoden an und wirken über das Denken, im Gehirn. Aber in den meisten Fällen bleibt es nicht bei einer Veränderung des Denkens, sondern es kommt zu den vielfältigsten körperlichen Wirkungen, die über das Denken ausgelöst werden.

Die Rolle der Gedanken und Gefühle

Bisher wurden die Gefühle eher als eine Domäne der Dichter und Denker, aber nicht als eine der Wissenschaft angesehen. Dabei hatte schon Darwin eine erste Analyse der Evolution emotionaler Äußerungen vorgelegt, die die Grundlage späterer Forschungen werden sollte. Aber erst 1982 gelang der Nachweis, daß bestimmte Emotionen anscheinend universell und bei allen Kulturen auftreten. Diese Gefühle – etwa Freude, Furcht, Ekel, Wut, Überraschung und Trauer – wurden »Basisemotionen« genannt und sind genetisch verankert.

Gefühle – ob sie nun positiv oder negativ sind – beeinflussen unser ganzes Dasein. Wer damit umgehen lernt, kann sein Leben von Grund auf verändern.

Mit Sauerstoff auf Hochtouren

Für den Fall, daß es zu einem Kampf mit einem großen Tier kommt, überschwemmen nun rote Blutzellen die Arterien. Sie sollen dafür sorgen, daß dem auf Hochtouren laufenden Organismus der nötige Sauerstoff zur Verfügung gestellt wird und daß das Kohlendioxid besser abgeführt werden kann. Für den Fall einer Verletzung werden die Blutgerinnungsfaktoren heraufgesetzt, damit sich Wunden rasch schließen können.

Wichtiges Überlebensprogramm

Ob es nun bei unserem Steinzeitmenschen zu einem Kampf kommt oder zu einer überstürzten Flucht, spielt keine Rolle. Er ist durch die reflexartig und blitzschnell ablaufenden Prozesse bestens auf alles vorbereitet. Diese Schreck- oder Angstreaktion stellte für ihn in seiner Umwelt ein wertvolles Überlebensprogramm dar, das sich in seiner langen Entwicklungsgeschichte herausgebildet hatte und von Generation zu Generation weitervererbt und mit der Zeit genetisch verankert wurde. Immerhin hatte die Natur dafür – wenn man nur den Homo sapiens betrachtet – gut 50 000 Jahre Zeit.

... dafür fährt er Verdauung, Sexualfunktion und Immunabwehr auf ein Minimum zurück.

Wir Steinzeitmenschen

Wen wundert es da, wenn wir heute, entwicklungsgeschichtlich betrachtet nur einen Augenblick später, unseren Alltag immer noch mit den Reaktionen eines Steinzeitmenschen bewältigen wollen?

Die Kampf-Flucht-Reaktion auf einen Blick:

- Gefahrensituation wird über Sinnesorgane bemerkt
- Zwischenhirn erregt den Sympatikusnerv
- Sympatikusnerv aktiviert die Niere
- Nebenniere schüttet Adrenalin und Noradrenalin aus
- Hormone beschleunigen Herz und Kreislauf
- Zucker und Fettreserven werden als Treibstoff angezapft
- Nebenniere schüttet Hydrokortison aus
- Störende Körperprozesse wie Verdauung und Sexualfunktion werden abgeschaltet

Die neuen Einflüsse unserer Umwelt, die wir durch den technischen Fortschritt herbeigeführt haben, sind noch viel zu jungen Datums, als daß sie unser genetisches Programm hätten modifizieren können. Aber heißt das, daß wir unseren Genen hilflos ausgesetzt sind, daß wir mit den Mitteln der Steinzeitbiologie unseren Alltag bewältigen müssen?

Automatische Reaktionen – auch heute noch lebensrettend

In einigen Fällen ist es auch heute noch überlebensnotwendig, dieses automatische Programm abrufen zu können – zum Beispiel im Straßenverkehr. Stellen Sie sich einmal vor:

Man fährt auf einer vorfahrtsberechtigten Bundesstraße mit angemessener Geschwindigkeit dahin. Plötzlich nimmt man in den Augenwinkeln auf der rechten Seite des Sichtfeldes auf einer Nebenstraße ein mit hoher Geschwindigkeit fahrendes Fahrzeug war, das in wenigen Sekunden die Bundesstraße erreichen wird. Nun setzt die altbekannte Schreckreaktion ein und versetzt uns in die Lage, eventuell rechtzeitig zu bremsen, falls unsere Vorfahrt mißachtet wird. Viele von uns kennen dies Gefühl, wo man kurz instinktiv zusammenzuckt und mit dem rechten Fuß unwillkürlich eine Bewegung in Richtung Bremse macht.

Auch in unserer Zeit kann ein plötzlicher Adrenalinstoß nötig sein. Man sollte aber darauf achten, sich hinterher wieder zu entspannen.

Gerade in solchen Situationen zeigt es sich, daß auch in der modernen Welt diese Notfallreaktion mit ihren kurzen Wegen im Gehirn notwendig und in Unfallsituationen auch überlebenswichtig sein kann. Dabei ist es allerdings für unsere weitere Gesundheit wichtig, daß wir den hohen Treibstoffpegel möglichst umgehend senken, damit er verbraucht wird und sich nicht ablagert und so unsere Gefäße schädigt.

Der kleine Tip für Streßsituationen

Haben Sie eine prekäre Situation im Straßenverkehr erlebt, steuern Sie den nächsten Parkplatz an und reagieren Sie sich ab, indem Sie ein wenig laufen oder Gymnastik machen. Auf jeden Fall sollte es etwas Anstrengendes sein, damit das Adrenalin und die anderen Stoffe tatsächlich abgebaut werden.

Wir brauchen diese Steinzeitreaktion unseres Gehirns also auch heute noch. Allerdings nur in wirklichen Notfallsituationen, wo uns eine echte Gefahr für Leib und Leben droht.

Notprogramm zum falschen Zeitpunkt

Das Fatale an dieser Reaktion ist aber, daß sie inzwischen auch in sozialen Situationen aktiviert wird, wenn uns gar keine körperliche Gefahr mehr droht. In der modernen Industriegesellschaft wird dieser Überlebensmechanismus tagtäglich aktiviert, ohne daß es zu einer Abfuhr der zur Verfügung gestellten Substanzen kommt.

Falsch interpretierte Schlüsselreize

Das heißt: Viele Schlüsselreize werden von unserer Biologie falsch interpretiert. Aber nicht nur das! Auch die Art und Weise wie wir heute mit unseren Emotionen umgehen, führt zu einer gestörten Kommunikation mit unserem Organismus: Schon in der frühen Kindheit lernen Jungen z. B., ihre Ängste zu unterdrücken. Kommen sie später im Beruf in solche Situationen, wo Angst aus gutem Grund entstehen könnte, zeigen sie sie nicht, sondern unterdrücken sie. Das führt zu Kommunikationsstörungen mit sich selbst: Der Organismus erhält widersprüchliche Signale: Während das Bewußtsein behauptet »Ich habe keine Angst!«, nehmen die Sinnesorgane gefährliche Signale wahr.

Auf Streß im Berufsleben reagiert unser Organismus noch steinzeitlich – so, wie seinerzeit auf die Gefahr durch wilde Tiere.

Wenn Bauch und Kopf sich streiten

Hier kommt es zu ernsten Widersprüchen zwischen dem Denken und Fühlen einer Person, die von unserer gefühlsfeindlichen Kultur noch gefördert werden. Inzwischen ist es im höheren Management »in« und als Notwendigkeit im Busineß akzeptiert, sich zu verstellen, zu bluffen und zu täuschen. Gefühle werden manipuliert, verfälscht und versteckt. Die Folgen liegen auf der Hand: Es kommt zu Kommunikationsstörungen nach innen und außen.

Die einseitige Förderung oder Unterdrückung bestimmter Gefühle führt zu Beschwerden und Krankheiten, die mit dem geförderten oder unterdrückten Gefühl direkt zusammenhängen.

Wenn sich unser Körper wehrt

Jens Siebert, 51 Jahre alt, verheiratet, Manager in einer Büromöbelfirma, leidet seit Jahren unter Herzstichen, die er nicht ernst nimmt. Im Gegenteil: Er spielt sie vor sich selbst und anderen herunter. Nach einigen Jahren nehmen die Symptome zu. Jens Siebert geht endlich zum Arzt. Diagnose: Arterienverkalkung, Angina pectoris-Anfälle. Infarktgefahr!

Nun endlich hört er auf die Signale, die ihm sein geschundener Körper schon seit Jahren schickt. Innerhalb von zwei Jahren bringt er mit einer mehrstufigen Behandlung, zu der auch Psycho-Power-Methoden gehören, nicht nur die Symptome zum Verschwinden, sogar die verengten Arterien können nachweislich wieder geweitet werden.

Streß ist ein drastisches Beispiel dafür, wie Gefühle auf unseren Körper einwirken können. Im Extremfall führt er zum Herzinfarkt.

Dieses Beispiel zeigt, wie wichtig es ist, auf die Signale zu hören und sie zu entschlüsseln. Schließlich bekommt man Stiche oder ähnliches nicht irgendwo. An einer ganz bestimmten Stelle im Körper macht sich etwas bemerkbar, das, rechtzeitig entdeckt und richtig behandelt, keine Gefahr darstellen muß, sondern ein hilfreicher Fingerzeig unseres Organismus ist!

Trauen Sie Ihren Gefühlen!

Wenn wir heute unseren Gefühlen nicht mehr trauen, dann hat das Gründe, die in unserem Umgang mit uns selbst und unserer Umwelt zu suchen sind. Dieses Buch kann Ihnen helfen, Ihre Gefühle wieder zu aktivieren und ihnen einen richtigen Platz in Ihrem Leben zuzuweisen, wo sie ihre ganze Kraft entfalten können.

> ### Ein kleines Experiment mit Psycho-Power
> Stellen Sie sich einen Moment lang mit geschlossenen Augen Ihr Lieblingsessen vor. Denken Sie daran, wie es aussieht, wie es duftet, wie es schmeckt! Je genauer Sie dies tun, desto eher wird Ihr Gehirn auf Ihre Gedanken reagieren. Vielleicht halten Sie einen Moment lang mit dem Lesen inne und probieren es einfach aus, erfahren, wie so etwas funktioniert.

Vom Gedanken zur körperlichen Reaktion

Was passiert in Ihrem Organismus? Die bildliche Vorstellung der Lieblingsspeise löst bestimmte körperliche Prozesse aus. Wenn Sie diese kleine Übung nachvollzogen haben, dann muß Ihnen im wahrsten Sinne des Wortes »das Wasser im Mund« zusammengelaufen sein. Genauer gesagt, Ihr Gehirn hat die bildhafte Vorstellung durch Nervenimpulse an Ihre Verdauungsorgane weitergegeben, also in körperliche Aktivitäten umgesetzt. Es hat reflektorisch die Speicheldrüsen in Ihrem Mund informiert und veranlaßt, sich auf die scheinbar bevorstehende Nahrungsaufnahme vorzubereiten, und Speichel zu produzieren.

Stellen Sie sich Ihr Lieblingsessen vor und fühlen Sie, wie Ihnen das Wasser im Mund zusammenläuft! Sie sehen, wie einfach Sie Ihren Körper beeinflussen können.

Feedback – der Körper meldet sich

Anhand dieses kleinen Experimentes können Sie sehen, wie einfach bestimmte Psycho-Power-Methoden umzusetzen sind, und

Bei unseren Übungen können Sie sich getrost auf die Mitwirkung Ihres Körpers verlassen. Er gibt Ihnen zuverlässiges Feedback über Ihre Erfolge.

wie schnell sie körperliche Reaktionen hervorrufen können. Diese Körperreaktionen können in einem anderen Zusammenhang auch als Biofeedback verstanden werden: Ihr Körper signalisiert Ihnen so, was er gerade macht. Nehmen Sie zum Beispiel den Herzschlag (am Halspuls). Sie können während der Entspannungsübungen dort eine Rückmeldung erhalten, indem Sie zwischendurch Ihren Puls fühlen. Schlägt er ruhig und gleichmäßig, sind Sie entspannt, schlägt er etwas unruhig und schnell, sollten Sie sich weiter entspannen. So können viele Körpersignale durch direkte Rückkopplung auf unser Bewußtsein einwirken!

Positive Rückkopplung

Denn natürlich entspannt man sich leichter, wenn das Herz ruhig schlägt – und umgekehrt kann es nervöser machen, wenn es nicht ruhig schlägt. Genau hier setzt die Entspannungsübung ein und hilft Ihnen, ruhiger zu werden. Das ist echtes Biofeedback, und Sie brauchen dazu nicht einmal ein teures Gerät, um Ihren Hautwiderstand zu messen oder ähnliches. Sie brauchen nur die Bereitschaft, auf die Sprache und die Signale Ihres Körpers zu hören.

Mit Vorstellungskraft das Hormonsystem beeinflussen

Ähnliches können Sie auch im Bereich Ihrer Sexualität feststellen. Allein die Kraft der Vorstellung kann das Hormonsystem direkt beeinflussen. Sie stellen sich einen männlichen oder weiblichen nackten Körper vor – und schon schüttet die Hypophyse (eine kleine Drüse in Ihrem Gehirn) Sexualhormone aus. Sie kennen das: sexuelle Erregung ist die Folge.

Psycho-Power-Übungen wirken schnell

So ähnlich wirken z. B. auch die in diesem Buch vorgestellten Entspannungsverfahren.

Psycho-Power-Übungen aktivieren bestimmte Prozesse im Gehirn und im autonomen Nervensystem, hemmen den Sympathikus und seine erregenden Impulse und aktivieren den Parasympathikus und seine beruhigenden Impulse.

Stellen Sie sich einmal vor, ein unruhiges und nervöses Kind, dessen Schulleistungen schon nachgelassen haben, weil es sich nicht mehr ausreichend konzentrieren kann, macht mit seiner Mutter oder seinem Vater regelmäßig ein Entspannungstraining, wie es hier in einem späteren Kapitel vorgestellt wird.

Wirkung auf allen Ebenen

Das Kind macht nun die Erfahrung, daß ihm seine Eltern bei der Bewältigung seiner Probleme helfen. Gemeinsam mit ihnen lernt das Kind, sich zu entspannen. Dieser Prozeß wird über das Denken vermittelt, wirkt sich aber auch auf anderen Ebenen aus:

- Auf der Beziehungsebene zwischen Eltern und Kind (»Meine Eltern helfen mir!«)
- Auf der emotionalen Ebene des Kindes (»Ich bin nicht hilflos, ich kann etwas tun!«)
- Auf der subjektiven Ebene des Körpererlebens (»Ich erlebe, wie ich mich entspannen kann!«)
- Auf physiologischer Ebene (»Mein Körper wird ruhig!«)
- Auf der praktischen Ebene (»Ich kann etwas tun!«)

Man kann sagen, daß eine einzelne Psycho-Power-Übung in allen möglichen Bezugsebenen einer Person Auswirkungen entfaltet. Die oben dargestellten Bereiche stellen nur einen modellhaften Ausschnitt aus der viel komplexeren Wirklichkeit einer Person dar. In den späteren Kapiteln erfahren Sie, wie sich zum Beispiel eine Entspannungsübung allein auf der physiologischen Ebene bis hinein in das Nerven-, das Immun-, das Herz-Kreislaufsystem, den Verdauungstrakt und die gesamte Muskulatur auswirken kann.

Das Entspannungstraining zeigt seine Wirkung auf allen möglichen Ebenen der Persönlichkeit.

Warum das so ist und welche wunderbaren Wirkungen einfache Übungen in Ihrem Körper entfalten, können Sie nun selbst in Erfahrung bringen. Im nächsten Kapitel finden Sie eine komplette Anleitung für ein einfaches Entspannungstraining, das von jedem leicht zu erlernen ist und eine Möglichkeit darstellt, sich schnell und effektiv zu entspannen.

RUHIG UND GELASSEN

Mit diesem Entspan-
nungstraining können Sie
in kurzer Zeit völlig ruhig
und gelassen werden.
Man kann es allein oder
mit einem Partner ein-
üben.
Das Training ist in einer
halben Stunde zu erler-
nen, aber um es später in
seiner ganz kurzen Form,
nämlich in drei Minuten
einsetzen zu können,
sollten Sie es etwa drei
Wochen regelmäßig üben.
Als ganz Fortgeschrit-
tene(r) können Sie sich
später sogar in nur drei
Sekunden wirkungsvoll
entspannen. Versuchen
Sie es nur, es ist ganz
einfach!

Die besten Entspannungstechniken für die ganze Familie

Was Sie brauchen

Um die Entspannungstechniken durchzuführen, brauchen Sie so gut wie nichts: ein wenig Zeit, die Motivation, etwas für Ihre Entspannung zu tun und, als Wichtigstes, den Willen, damit jetzt gleich zu beginnen. Schieben Sie den Anfang nicht auf die lange Bank, sondern holen Sie sich schon jetzt soviel Entspannung wie Sie brauchen, indem Sie die ersten Übungen machen. Allein die Tatsache, daß Sie aktiv werden, wird Sie ruhiger werden lassen.

Sie haben bereits begonnen!
Jede Zeile, die Sie nun lesen, wird Sie auf Ihren Weg zu mehr Entspannung führen. Jede Zeile ist ein kleiner Schritt in die richtige Richtung!

Wie wirken Entspannungsübungen?

Entspannungsverfahren werden in Psychologie und Medizin allgemein als sogenannte »Breitbandverfahren« eingesetzt. Das heißt: Sie werden bei fast allen bekannten Krankheiten zur Streßminderung ebenso verwendet, wie zum Herstellen eines guten Wohlbefindens oder zur Reduzierung negativer psychischer Folgen einer schweren Erkrankung.

Entspannungsübungen wirken in erster Linie unspezifisch, d.h. sie steigern das allgemeine Wohlbefinden und wirken so auf psychische Krankheitsfolgen.

Breit gestreut – oder gezielt
Sie können aber auch gezielt eingesetzt werden, um zum Beispiel das Immunsystem zu stimulieren oder es, wie beim allergischen Asthma, wieder ins Gleichgewicht zu bringen. Denn entgegen der weitläufigen Meinung handelt es sich bei Allergikern eben nicht

um immunschwache Personen, sondern um Personen mit einem überstark reagierenden Immunsystem.

> Entspannungsübungen können bei allen Schwierigkeiten eingesetzt werden, die irgendwie mit Anspannung, Streß, Erregung oder Angst zu tun haben.

Die Wirkung von Entspannungsübungen beruht auf der Beeinflussung des Parasympathikus. Er ist für Erholung und Regeneration zuständig.

Die Erfolge von Entspannungsverfahren in der Medizin werden mit einer Beeinflussung des vegetativen Nervensystems erklärt. Hier sind besonders die Untersysteme »Sympathikus« und »Parasympathikus« von Bedeutung, die praktisch alle Organe des Körpers in zwei Richtungen beeinflussen können. Der Sympathikus erregt den Organismus und stellt ihn auf Leistung ein. Der Parasympathikus hat die entgegensetzte Aufgabe zu verrichten: Er ist für Erholung und Regeneration zuständig.

Den Organismus herunterfahren

Auf der einen Seite kann Entspannung dazu führen, daß die Sympathikusaktivität herabgesetzt wird, auf der anderen Seite kann sie die Aktivität des Parasympathikus steigern. Bei Entspannung verringert sich nachweislich die Spannung der Muskulatur, es findet eine geringere Schweißausschüttung statt, was allgemein als Zeichen für reduzierten Streß gilt, die Konzentration des Streßhormons Kortisol im Blut nimmt ab, die Hauttemperatur steigt, die Haut wird besser durchblutet, der Atem verlangsamt sich.

Auf Blutdruck und Herzfrequenz haben Entspannungsverfahren zwar weniger Einfluß, aber auch diese lassen sich bei einiger Übung, vor allem, wenn vorher hohe Erregungszustände vorlagen, positiv beeinflussen.

Auf die Psyche einwirken

Neben diesen biologischen Variablen lassen sich auch psychische Zustände verändern. Ängstlichkeit, Depressivität und Nervosität nehmen durch Entspannung nachweislich ab. Und was sehr wichtig ist, vor allem im Bereich von Arbeits- oder Leistungssteigerung: Entspannungsverfahren stärken die Konzentrationsfähigkeit.

Vielseitig arbeiten bringt Erfolg
Die Kombination verschiedener in diesem Buch vorgestellter Verfahren erhöht ihre Wirksamkeit. Der Erfolg einer Behandlung ist um so größer, je komplexer sie angelegt ist. Wenn verschiedene solcher Verfahrensweisen kombiniert werden, kann das Entspannungsverfahren, das wegen seiner Wirkungsbreite als »unspezifisch«, also nicht auf eine bestimmte Störung gerichtete Technik gilt, in ein zielgenaues, also spezifisches Verfahren für bestimmte Störungen modifiziert werden.

Durch die Kombination verschiedener Techniken können Sie Entspannungsübungen spezifisch, also gezielt einsetzen.

Die richtige Haltung

Wer die ganze Vielzahl der Möglichkeiten ausschöpfen will, die in den Psycho-Power-Übungen angelegt sind, sollte vor allem darauf achten, keine der Übungen gehetzt und im Schnelldurchgang zu absolvieren.

Mentale Voraussetzung: Nehmen Sie sich Zeit!
Zwar gibt es für supergestreßte Personen auch schnelle und zeitsparende Übungen (siehe Kapitel »Visualisierung in Lang- und Kurzversion«, Seite 68), die schnelle Version ist aber erst nach längerem Üben der Langversionen möglich.

Wer Erfolg will, muß Zeit investieren
Wer glaubt, beim Training Zeit sparen zu können, indem er oder sie gleich mit den kurzen Versionen beginnt, wird vom Ergebnis enttäuscht sein. Die optimalen Wirkungen sind nur durch langsames und ruhiges Herangehen an die Übungen zu erzielen.

Eine der wichtigsten Voraussetzungen für die Entfaltung der vollen Wirkungen des Programms muß daher aller Wahrscheinlichkeit zunächst erlernt werden. Wer die Übungen macht und ihre Segnungen voll ausschöpfen will, sollte ruhig, entspannt und konzentriert sein.

Die körperliche Haltung

Ohne die richtige Körperhaltung stellt sich kein Erfolg ein. Sorgen Sie dafür, daß Sie richtig sitzen, bevor Sie mit den Übungen beginnen.

Bei den meisten Psycho-Power-Übungen werden bestimmte Organsysteme wie Herz, Lunge oder Magen angeregt oder beruhigt. Ihre körperliche Haltung kann auf diese Prozesse einen hemmenden oder förderlichen Einfluß haben.

Daher finden Sie vor den entsprechenden Übungen auch Hinweise, wie diese am besten auszuführen sind, um durch die körperliche Haltung den optimalen Wirkungsgrad dieser Übung auch voll ausschöpfen zu können.

Im Sitzen

Bei den meisten Übungen reicht es aus, sie im Sitzen zu absolvieren. Nicht immer ist die Möglichkeit gegeben, sich hinzulegen; also kann oft das Sitzen die einzige Möglichkeit sein, eine solche Übung durchzuführen. Fast alle Psycho-Power-Übungen lassen sich grundsätzlich im Sitzen vornehmen, nur bei wenigen – den Einschlafübungen – müssen Sie sich hinlegen.

Die optimale Sitzhaltung ist die sogenannte »aufrechte Sitzhaltung«, die der »Kutscherhaltung« aus dem autogenen Training ähnelt.

Richtig sitzen in der Kutscherhaltung

● Sitzen Sie auf den vorderen zwei Dritteln eines Stuhls (mit Rückenlehne), ohne daß Ihr Rücken die Lehne berührt. Nicht der Stuhl soll Ihren Rücken stärken, sondern Sie sollen sich mit Hilfe Ihrer Wirbelsäule selbst gerade halten.

● Strecken Sie den Bauch ein klein wenig heraus, so daß die Wirbelsäule ein bißchen nach vorne durchgebogen ist, aber nicht zu viel. Das unterstützt Ihre Lunge bei der Arbeit.

● Der Oberkörper bildet zu den Oberschenkeln einen rechten Winkel. Das gleiche gilt für die Winkel zwischen Oberschenkeln und Unterschenkeln sowie Unterschenkeln und Füßen.

Die richtige Sitzhaltung auf einen Blick

- Nicht anlehnen
- Wirbelsäule aufrecht halten
- Oberkörper/Oberschenkel, Oberschenkel/Unterschenkel und Unterschenkel/Füße im rechten Winkel zueinander

In dieser Position ist die Durchblutung am besten gewährleistet, und Ihr Körper befindet sich im Lot zum Erdmittelpunkt. Kopf und Halswirbelsäule sollten relativ aufrecht gehalten werden.
Alle Organe befinden sich in einer guten Position zueinander.

Ihr Körper im Lot zum Erdmittelpunkt: Die »Kutscherhaltung« allein ist schon fast eine Garantie für den Übungserfolg.

29

Den Oberkörper nicht fixieren

Beim Sitzen sollten Sie darauf achten, daß sich der Oberkörper frei bewegen läßt. Schwingen Sie ruhig ein kleines bißchen vor und zurück, um ihn ins Lot zu bringen. Man kann, um den Kopf ein wenig zu entlasten, ihn auch leicht nach vorne beugen. Das hat aber oft zur Folge, daß eine Neigung zum Einschlafen auftritt, bei der der Kopf dann vollends vornüber fällt.

Auf's Bett nur zum Einschlafen

Soll die Entspannung tatsächlich zum Einschlafen dienen, was bei 90 Prozent der Übungen nicht erwünscht ist, führt man Sie besser gleich im Liegen im Bett oder auf dem Sofa durch.

Augen schließen für höhere Konzentration

Alle Übungen werden mit geschlossenen Augen durchgeführt. Das erhöht die Konzentration um mehr als 100 Prozent.

Auch das Drumherum ist wichtig – zumindest am Anfang! Sorgen Sie für Ruhe und einen schönen Platz zum Üben.

Außerdem sollten Sie ebenso darauf achten, daß es relativ ruhig ist, wenn Sie üben. Mit fortschreitender Übung werden Sie zwar immer weniger geräuschempfindlich, so daß Sie die Übungen im späteren Stadium auch bei Lärm durchführen können. Aber zu Beginn werden Sie etwas geräuschempfindlich sein, weil Sie durch die Entspannung und die Konzentration auf Ihren Körper und Ihre Sinne sensibler werden.

Am Anfang absolute Ruhe!

Auf jeden Fall sollten Telefon und Haustürklingel abgestellt werden: Laute Geräusche, die Sie erschrecken können, sollten am Anfang vermieden werden.

Auch die richtige Wahl des Ortes spielt eine Rolle. Suchen Sie sich einen Platz zum Üben aus, den Sie zumindest, wenn Sie zu Hause üben, immer beibehalten, und der für diese Übungen reserviert sein sollte. Damit tragen Sie dem besonderen Charakter dieser Übungen Rechnung.

Auch die Atmosphäre ist wichtig

Dies können Sie auch noch durch die Herstellung einer besonderen Atmosphäre unterstreichen. Wer es mag, kann ätherische Öle oder Kerzen oder Räucherstäbchen verwenden, um die Luft anzureichern.

Sie können auch beruhigende, leise Musik spielen. Dabei sollte man allerdings darauf achten, daß der Takt der Musik immer etwas langsamer oder zumindest nicht schneller als der Herzschlag ist. Also auf keinen Fall etwas mit mehr als 70 Schlägen in der Minute als Takt; am besten eignet sich etwa ein Adagio mit 60 Schlägen in der Minute.

> **Wenn Sie's schön haben wollen – bitte! Verwenden Sie Duftöle oder Räucherstäbchen, hören Sie entspannende Musik.**

Wach bleiben

Auch die Beleuchtung sollte Ihrer Beschäftigung angemessen sein. Gedämpftes Licht ist also besser als zu helles. Aber es sollte auf keinen Fall völlig dunkel sein, damit man wach bleibt. Das Licht hat nämlich Auswirkungen auf die Hormonproduktion. Das Tageslicht sorgt für die Ausschüttung wachmachender Hormone, während die Dunkelheit für die Ausschüttung einschläfender Hormone sorgt.

Unsere Übungen sollen, bis auf die Einschlafübungen, die natürlich dann auch im Dunkeln durchgeführt werden können, nicht dem Schlafen, sondern der Wachheit und der Konzentration dienen. Also bitte bei Licht üben!

Äußere Voraussetzungen auf einen Blick
- Keine lauten Geräusche
- Gedämpftes Licht
- Ätherische Öle o. ä. nach Belieben
- Langsame Musik nach Belieben

Im Liegen

Die Liegeübung dient in erster Linie dem leichteren Einschlafen bei Schlafstörungen oder Einschlafschwierigkeiten. Die optimale Liegeposition, um eine Einschlafübung zu machen, ist die Rückenlage. Auch wer gar nicht auf dem Rücken schläft oder schlafen

31

kann, sollte in dieser Form üben. Denn nach dem durch die Übung erleichterten Einschlafen drehen Sie sich ohnehin in Ihre bevorzugte Schlafhaltung.

Zum Einschlafen legen Sie sich am besten auf den Rücken. So wird Ihre Wirbelsäule optimal entlastet und entspannt.

Einschlafen – am besten auf dem Rücken

Bei der Rückenlage können sich unsere Muskeln am besten entlasten und damit entspannen. Sie brauchen keine Kraft mehr aufzuwenden, um uns in der Vertikalen zu halten. Damit entfällt nicht nur die starke Belastung der Oberschenkelmuskulatur (die übrigens fast 60 Prozent unserer gesamten Muskulatur ausmacht, ein Faktor, der uns an anderer Stelle, bei der Verkürzung der Übungslänge, noch zugute kommt), sondern auch die Belastung der Rückenmuskulatur, die unsere Wirbelsäule aufrecht hält.

Hilfe bei Rückenleiden

Gerade für Personen mit Haltungsschäden oder mit den weitverbreiteten Kreuzschmerzen können die Übungen im Liegen eine echte Erleichterung sein. Dieser Personenkreis sollte zumindest am Anfang beim Erlernen der ersten Psycho-Power-Übungen darauf achten, die Übungen möglichst im Liegen durchzuführen. Später, wenn Ihre Rückenmuskulatur durch die Übungen regelmäßig entlastet wurden, können Sie langsam dazu übergehen, nun auch im Sitzen zu üben.

Die flexible Haltung für unterwegs

Wenn Sie viel unterwegs sind, können Sie sich nicht immer aussuchen, in welcher Haltung Sie üben. Also brauchen Sie die Freiheit, Ihre Übungen so durchführen zu können, daß man sie überall machen kann.

Im Laufe der Zeit bekommen Sie durch die meisten Psycho-Power-Übungen ohnehin ein besseres Gefühl dafür, was für Sie persönlich gut und richtig ist. Das Ziel der Psycho-Power-Übungen ist ja nicht, Sie von einem stumpfsinnigen Handlungsablauf abhängig zu machen, sondern das Gegenteil: Sie von solchen Abläufen weitgehend unabhängig zu machen, Sie von den einschränkenden Bedingungen des streßauslösenden Alltags zu befreien.

Erst üben, dann improvisieren

Aber wie so oft haben die Götter auch hier vor den Preis den Schweiß gesetzt. Bevor Sie die meisten einschränkenden Vorschriften übersehen können, um sich frei ihren Wirkungen hingeben zu können, sollten Sie die Übungen möglichst vorschriftsmäßig ausführen. Das ist so ein bißchen wie bei einem Gitarrensolo in freier Improvisation. Erst wenn man das Instrument beherrscht, kann man die einschränkenden Regeln beiseite lassen und seiner Phantasie nachgeben und improvisieren.

Wenn Sie die längeren Einführungsübungen beherrschen, können Sie lernen, sich in jeder Situation zu entspannen.

Beherrschen Sie erst die einfachen Grundtechniken des Psycho-Power-Programms, dann können Sie jederzeit und überall, in jeder Position und jeder Haltung – sogar im vollbesetzten Bus, bei gröhlenden Mitfahrern – relaxt und ruhig sein und sich Ihren Übungen widmen.

Entspannungstraining nach Jacobson

Bei dem folgenden Entspannungsverfahren handelt es sich um eine einfache, schnell erlernbare Version der progressiven Muskelrelaxation nach E. Jacobson, die schon seit 1938 vor allem in Amerika angewandt wird. In Deutschland ist sie (noch) relativ unbekannt, wird aber von Psychologen immer öfter als universelle Entspannungsmethode geschätzt und angewandt. Das Grundprinzip dieses Verfahrens ist ganz simpel: Sie spannen nach einem bestimmten Schema eine Muskelgruppe an, spüren einige Sekunden lang die Spannung in diesen Muskeln und lassen sie dann wieder los. Nun fühlen Sie die Entspannung in dieser Muskelgruppe. Dann machen Sie eine kleine Pause und die nächste Muskelgruppe ist dran. So einfach ist das!

Progressive Muskelrelaxation nach Jacobson
- Sie lernen, Ihre Muskeln immer mehr zu entspannen
- Sie gehen dabei langsam alle Muskelgruppen nacheinander durch
- Sie erreichen bei regelmäßiger Übung langsam einen Zustand, in dem Ruhe und Entspannung nach Beendigung der Übung automatisch erhalten bleiben

Wenn Sie so nacheinander die Hauptmuskelgruppen Ihres Körpers durchgehen, fühlen Sie sich am Schluß der Übung völlig entspannt. Voraussetzung ist allerdings regelmäßiges Üben, damit Ihr Körper und Ihr Geist lernen, sich auf Kommando zu entspannen. Das ist im Grunde genommen schon alles.

Nur kein Leistungsdruck!

Leistungsdruck schadet nur! Machen Sie am Anfang kleine Schritte, und loben Sie sich dafür! Sie werden es schon lernen.

Meistens ist man angespannt, aufgeregt und nervös, wenn man sich das erste Mal mit Entspannungsverfahren beschäftigt. Daher erwarten Sie gerade zu Beginn nicht zu viel! Eine überhöhte Erwartungshaltung oder gar ein bestimmter Leistungsdruck, den Sie sich selbst auferlegen, schadet hier eher und mindert eventuell die Effekte, die jedes Entspannungsverfahren hat.

Aber keine Angst, es gibt einen Weg, diese kleinen Hürden elegant zu umschiffen und sie zu einem Bestandteil der Übung zu machen. Daher gehört die Vorbereitung des Entspannungstrainings als erster einleitender Schritt schon dazu. Machen Sie aus dieser Vorbereitung einfach ein kleines Ritual, und Sie werden sehen, wie leicht alles ist.

Die Einstimmung auf die Entspannungsübung
- Sorgen Sie dafür, daß Sie etwa eine halbe Stunde ungestört sind
- Suchen Sie sich in Ihrer Wohnung einen schönen Platz, um zu üben
- Üben Sie am Anfang möglichst immer zur gleichen Zeit
- Üben Sie vor dem Essen, dann schmeckt es nochmal so gut
- Nehmen Sie einen Stuhl mit einem Sitzkissen zum Üben
- Üben Sie am besten in der »Kutscherhaltung«

Sie brauchen nichts weiter als sich selbst und ein paar Minuten Zeit und etwas Ruhe. Sie sollten während der ersten Übungen dafür sorgen, daß Sie nicht gestört werden können. Zu Beginn lenken irgendwelche Störungen Sie noch ab, später, wenn Sie das Verfahren beherrschen, macht es nichts, wenn es um Sie herum etwas lauter wird, dann können Sie die Kurzentspannung sogar in einem vollbesetzten Bus ausüben, ohne das jemand etwas davon mitbekommt! Sollte es trotzdem aus irgendwelchen Gründen nicht richtig klappen, dann liegt das wahrscheinlich nicht an Ihnen, sondern dann ist das Verfahren vielleicht nicht für Sie geeignet, und Sie können es mit einer anderen Übung probieren. Das kommt aber nur selten vor.

Auch Muskelschmerzen oder Wadenkrämpfe sind kein Problem. Es macht nichts, wenn Sie die entsprechenden Übungsteile so lange auslassen, bis Sie besser in Form sind!

Bei Wadenkrämpfen oder Muskelverspannungen
Sollten Sie Muskelverspannungen, z. B. leichte Waden- oder andere Muskelkrämpfe bekommen, dann achten Sie darauf, daß Sie diese Muskeln bei den Übungen nicht zu sehr anspannen. Sind die Schmerzen stärker, dann lassen Sie die betroffenen Muskelpartien einfach aus.

Lesen Sie den nachfolgenden Text aufmerksam durch. Es handelt sich dabei um die Anweisungen für die eigentliche Durchführung der Übung. Eine praktische Hilfe kann es sein, wenn Sie den Text langsam auf ein Tonband sprechen. Passen Sie dabei Ihre Sprechgeschwindigkeit an Ihre eigenen Ruhebedürfnisse an. Die

Zeitangaben in Klammern geben die Anspannungs- bzw. Entspannungsdauer an. Dann können Sie, um die Übung besser zu lernen, sich jeweils das Band anhören. Nach einiger Zeit können Sie die Kommandos auswendig und auf das Band verzichten. Am Ende dieser Übungssequenz zeige ich Ihnen noch eine Methode, mit der Sie das Entspannungstraining später immer weiter verkürzen können, bis Sie sich überall in etwa drei Minuten entspannen können.

Die Grundübung

Es kann eine Weile dauern, bis Sie die richtige Haltung gefunden haben. Nehmen Sie sich die Zeit, das Üben wird erfolgreich sein.

Nehmen Sie eine bequeme Haltung auf Ihrem Stuhl ein, achten Sie aber darauf, daß Sie gut sitzen. Der Rücken sollte nicht an der Lehne anliegen. Der Oberkörper sollte mit den Oberschenkeln einen Winkel von 90 Grad bilden. Das gleiche gilt für den Winkel zwischen Ober- und Unterschenkeln. Auch Unterschenkel und Oberschenkel sollten in etwa rechtwinklig zueinander stehen. Ziehen Sie Ihre Schuhe aus, damit die Füße gut durchblutet werden. Die Hände legen Sie auf die Oberschenkel, jede für sich allein. Rutschen Sie ruhig etwas auf dem Stuhl hin und her, bis Sie eine gute Sitzposition für Ihren Po gefunden haben. Den Oberkörper pendeln Sie aus, bis er in etwa gerade ist. Es schadet aber nichts, wenn er leicht vornüber gebeugt ist. Der Kopf kann ebenfalls leicht nach vorne fallen. Sie müssen die Positionen ein paar Mal ausprobieren, bis Sie die für sich günstigste Position gefunden haben. Bedenken Sie, daß Sie zu Beginn des Lernens der Übung diese Haltung etwa 20–30 Minuten beibehalten müssen.

Ein Wort am Rande

Der Name »Kutscherhaltung« kommt daher, weil die Pferdekutscher früher in dieser Haltung stundenlang auf dem Bock sitzen konnten und manchmal sogar dabei eingeschlafen sind.

Zum Einschlafen: Gerade am Beginn ist es wichtig, nicht einzuschlafen. Achten Sie also während der ersten Übungen darauf, geistig leicht gespannt und wach zu bleiben. Nur wenn Sie diese Übung als Einschlafhilfe abends im Bett machen, dürfen Sie natürlich Ihrem Schlafbedürfnis auch mitten in der Übung nachgeben.

Wenn Sie sie beherrschen, können Sie die Übung ebensogut zum Einschlafen wie zum Munterwerden oder zur schnellen Regeneration in der Mittagspause verwenden.

Diese acht Muskelgruppen werden entspannt
- Arme
- Schultern
- Hals
- Kopf
- Brust
- Bauch
- Po
- Beine

Wenn Sie bequem sitzen, kann es losgehen. Dazu werden später, bei der Ausführung der richtigen Übungen, die Augen geschlossen, damit Sie sich besser auf Ihren Körper konzentrieren können. Als erste Muskelgruppe entspannen wir nun die Arme:

Grundübung zur Muskelentspannung

1

Wir beginnen mit den Händen. Ballen Sie beide Hände gleichzeitig zu einer Faust. Jetzt! Spüren Sie das Gefühl der Anspannung (etwa 4–6 Sekunden).

2

Lassen Sie nun wieder los. Jetzt! Spüren Sie nun das Gefühl der Entspannung in Ihren Händen, wie es tiefer und tiefer wird (etwa 6–8 Sekunden).

3

Nun winkeln wir die Arme an, so daß die Hände die Schultern fast berühren. Jetzt! Spüren Sie nun das Gefühl der Anspannung in Ihrer Oberarmmuskulatur (etwa 4–6 Sekunden).

4

Lassen Sie nun wieder los, legen Sie Ihre Arme wieder auf die Oberschenkel. Jetzt! Spüren Sie, wie das Gefühl der Entspannung sich auch in Ihren Armen ausbreitet und tiefer und tiefer wird (etwa 6–8 Sekunden).

5

Nun ziehen Sie Ihre Schultern hoch und den Kopf ein. Jetzt! Spüren Sie nun das Gefühl der Anspannung in Ihren Schultern (etwa 4–6 Sekunden).

6

Lassen Sie nun wieder los. Jetzt! Spüren Sie, wie das Gefühl der Entspannung sich auch in Ihren Schultern ausbreitet

Grundübung zur Muskelentspannung

und tiefer und tiefer wird (6–8 Sekunden).

7

Nun drehen Sie Ihren Kopf leicht nach rechts, bis Sie Anspannung in der Halsmuskulatur spüren. Jetzt! Spüren Sie nun das Gefühl der Anspannung in Ihrer rechten Halsseite (4–6 Sekunden).

8

Drehen Sie nun Ihren Kopf wieder in die Ausgangslage zurück. Jetzt! Spüren Sie, wie das Gefühl der Entspannung sich auch in Ihrer rechten Halsseite auszubreiten beginnt (6–8 Sekunden).

9

Nun drehen Sie Ihren Kopf nach links, bis Sie die Anspannung in der Halsmuskulatur spüren (4–6 Sekunden).

10

Drehen Sie nun Ihren Kopf wieder in die Ausgangslage zurück. Jetzt! Spüren Sie, wie das Gefühl der Entspannung sich auch in Ihrer linken Halsseite auszubreiten beginnt und tiefer und tiefer wird (6–8 Sekunden).

11

Nun beißen Sie Ihre Zähne fest zusammen. Jetzt! Spüren Sie die Anspannung in Ihrem Kiefer (4–6 Sekunden).

12

Lassen Sie nun wieder los. Jetzt! Spüren Sie, wie das Gefühl der Entspannung sich im Kiefer ausbreitet (6–8 Sekunden).

13

Legen Sie Ihre Stirn in Falten, indem Sie Ihre Augenbrauen hochschieben. Jetzt! Spüren Sie die Spannung in Ihrem Gesicht (4–6 Sekunden).

14

Lassen Sie nun wieder los. Jetzt! Spüren Sie, wie die Entspannung sich im Gesicht ausbreitet (6–8 Sekunden).

15

Nun atmen Sie tief ein und halten die Luft einige Sekunden an. Jetzt! Spüren Sie die Anspannung in Ihrer Brust.

16

Atmen Sie langsam wieder aus. Jetzt! Spüren Sie, wie die Entspannung sich auch in Ihrer Brust ausbreitet. Atmen Sie nun regelmäßig weiter.

17

Nun atmen Sie tief aus und halten dann die Luft an. Jetzt! Spüren Sie die Anspannung in der Brust (etwa 4–6 Sekunden).

18

Holen Sie nun tief Luft. Jetzt! Spüren Sie, während Sie ruhig weiter ein- und ausatmen, wie die Entspannung sich in

Grundübung zur Muskelentspannung

Ihrer Brust und in Ihrem Bauch ausbreitet und tiefer wird (6–8 Sekunden).

19

Atmen Sie nun tief in Ihrem Bauch ein, so daß er sich nach außen wölbt, und halten Sie die Luft an. Jetzt! Spüren Sie die Anspannung im Bauch (4–6 Sekunden).

20

Atmen Sie nun wieder aus und regelmäßig weiter. Jetzt! Spüren Sie, wie die Entspannung sich in Ihrem Bauch ausbreitet (6–8 Sekunden).

21

Spannen Sie nun Ihre Pomuskulatur kräftig an. Jetzt! Spüren Sie die Anspannung im Po (4–6 Sekunden).

22

Lassen Sie nun wieder los. Jetzt! Spüren Sie, wie die Entspannung sich in Ihrer Pomuskulatur ausbreitet (6–8 Sekunden).

23

Drücken Sie nun Ihre Füße fest auf den Boden, so daß sich Ihre Oberschenkelmuskulatur anspannt. Jetzt! Spüren Sie die Anspannung in Ihren Oberschenkelmuskeln.

24

Lassen Sie nun wieder los. Jetzt! Spüren Sie, wie die Entspannung sich in der Oberschenkelmuskulatur ausbreitet und tiefer und tiefer wird (6–8 Sekunden).

25

Nun heben Sie Ihre Füße vorne an, die Hacken bleiben dabei auf dem Boden. Jetzt! Spüren Sie die Anspannung in den Waden (4–6 Sekunden).

26

Senken Sie die Fußspitzen wieder auf den Boden. Jetzt! Spüren Sie, wie die Entspannung sich in Ihren Waden ausbreitet und tiefer wird (6–8 Sekunden).

27

Gehen Sie nun noch einmal in Gedanken in jede Muskelgruppe, spüren Sie, wie sich diese Muskeln entspannt haben. Fangen Sie bei den Füßen an, dann gehen Sie in die Waden. Dann die Oberschenkel, der Po, der Bauch, die Brust, die Schultern, der Hals, der Kopf. Zum Schluß die Arme und die Hände. Spüren Sie die Entspannung in allen Muskelgruppen.

28

Nun zählen Sie langsam von fünf an rückwärts bis null, dann spannen Sie noch einmal die Hände zur Faust an und öffnen die Augen.

29

Bleiben Sie noch einen kleinen Moment sitzen und nehmen wieder Kontakt mit Ihrer Umwelt auf. Recken Sie sich noch ein wenig, wenn Sie Lust haben.

Wie oft üben?

Am Anfang sollte man möglichst oft die lange Version des Entspannungstrainings durchführen, mindestens zweimal die Woche, besser dreimal. Wenn Sie nach etwa drei Wochen ein Gefühl für die Abläufe, den Rhythmus und die einzelnen Kommandos haben, können Sie die Dauer der Übung nach Ihren Bedürfnissen ändern.

Kurzversion oder Langversion?

Durch Ausdauer zum Erfolg: Üben Sie am Anfang mindestens zweimal die Woche, und zwar die Langversion.

Das ist keine Frage des Entweder-Oder. Sie sollten erst die lange Version beherrschen, bevor Sie zur Kurzversion übergehen. Nur ausreichende Übung garantiert, daß Ihr Körper sich an die Entspannung auf Kommando gewöhnt hat und ein Generalisierungseffekt eingetreten ist. Generalisieren heißt: Ihr Körper gewöhnt sich an den Wechsel von An- und Entspannung und überträgt die muskuläre Entspannung auch auf den geistigen Bereich. Das Gefühl der Entspannung wird damit an das Nachlassen der Muskelspannung gekoppelt. Man nennt diesen Vorgang »konditionieren«. Erst dann können Sie die Übung verkürzen.

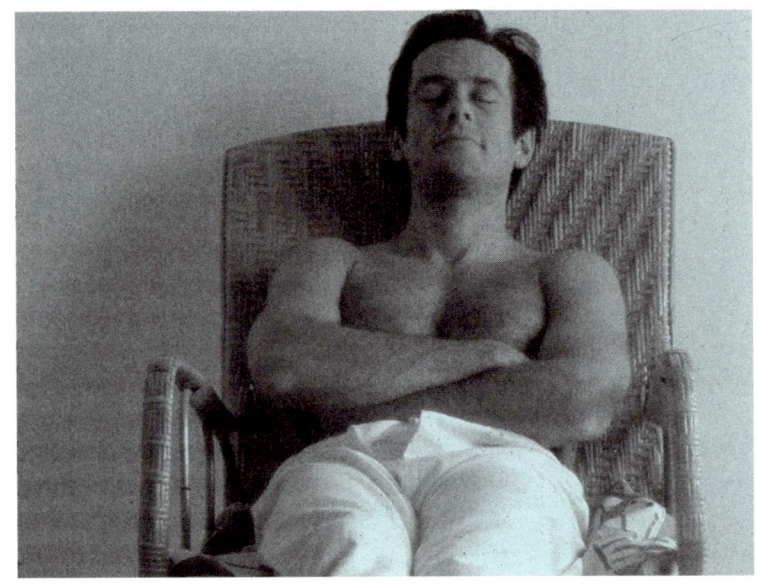

Wenn Sie die Kurzversion der Übungen beherrschen, können Sie sich überall und sofort entspannen.

Die Minimuskelrelaxation (Drei-Minuten-Entspannung)

1

Nehmen Sie auf Ihrem Stuhl Platz, und setzen Sie sich in die richtige Kutscherhaltung. Rutschen Sie hin und her, bis Sie eine bequeme Position gefunden haben.

2

Schließen Sie die Augen. Konzentrieren Sie sich auf Ihre Arme und Hände. Winkeln Sie den Arm an, ballen Sie die Hände dabei zur Faust. Jetzt! Spüren Sie die Spannung in Armen und Händen (etwa 4–6 Sekunden).

3

Lassen Sie nun wieder los. Jetzt! Spüren Sie, wie die Entspannung sich in Ihren Händen und in Ihren Armen ausbreitet und tiefer und tiefer wird (6–8 Sekunden).

4

Drücken Sie nun die Beine fest mit den Hacken auf den Boden, heben die Fußspitzen dabei an. Jetzt! Spüren Sie die Spannung in Ihren Beinen und Füßen (etwa 4–6 Sekunden).

5

Lassen Sie nun wieder los. Jetzt! Spüren Sie, wie die Entspannung sich in Ihren Beinen und Füßen ausbreitet und tiefer und tiefer wird (6–8 Sekunden).

6

Gehen Sie in Gedanken in Ihre Hände, Arme, Beine und Füße. Spüren Sie, wie diese Muskelpartien sich entspannt haben und wie die Entspannung sich auf Ihren ganzen Körper ausbreitet, wie sie tiefer und tiefer wird.

7

Zählen Sie langsam rückwärts von drei nach null, und spannen Sie noch einmal die Hände zur Faust und öffnen dann die Augen. Sie fühlen sich nun erfrischt und entspannt.

Die Sekunden-Entspannung

Spannen Sie eine Hand zur Faust an (oder nehmen Sie eine Türklinke kurz vor dem Öffnen fest in die Hand). Jetzt! Spüren Sie einen Sekundenbruchteil lang die Spannung in Ihrer Hand, und lassen Sie dann wieder los. Spüren Sie, wie die Entspannung sich in Ihrem ganzen Körper ausbreitet, wie sie tiefer und tiefer wird. Sie fühlen sich erfrischt und entspannt.

Verschiedene Anwendungsmöglichkeiten

Um die progressive Muskelrelaxation nach Jacobson (PMR) zu erlernen, sollten Sie zunächst einige Wochen lang die Langversion der Übung tagsüber trainieren und nach der Übung Ihre jeweilige Arbeit fortsetzen. Ihr Körper generalisiert den Entspannungseffekt nach etwa drei Wochen, je nach der Intensität der Übungen. Je intensiver Sie üben, desto schneller. Je weniger intensiv diese Übungen erfahren werden, desto länger dauert der Lerneffekt.

Sie entscheiden, wie die Übung wirkt!

Das Besondere an der PMR: Sie ist universell einzusetzen. Das heißt: Je nach Bedarf kann man sich mit einer PMR-Übung entweder entspannen, um danach weiterzuarbeiten oder um danach einzuschlafen. Ob die Übung in der einen oder anderen Richtung wirken soll, entscheiden Sie vorher. Bevor Sie die Übung beginnen, legen Sie fest, wozu sie dienen soll, die Absicht ist entscheidend! Wollen Sie die PMR in der Mittagspause im Büro anwenden, um sich von der Arbeit zu erholen, sollte die Übung als letzte Tätigkeit vor dem Arbeitsbeginn durchgeführt werden.

PMR ist universell einsetzbar. Ob Sie danach weiterarbeiten, relaxen oder einschlafen wollen, hängt allein von Ihrer Entscheidung ab!

Erst lesen – dann schlafen

Sollten Sie diese Übung einsetzen, um besser einschlafen zu können, dann muß sie auch kurz vor dem Schlafengehen durchgeführt werden. Lesen Sie zum Beispiel gerne im Bett, dann sollten Sie das auch weiterhin tun und erst danach die Entspannungsübung als Einschlafhilfe einsetzen.

Wie lange hält die Entspannung vor?

Am Anfang wird der Entspannungseffekt noch nicht sehr lange vorhalten. Je nachdem, wie intensiv Sie geübt haben, wird er ein paar Minuten oder sogar ein paar Stunden dauern. Je öfter Sie üben, desto größer wird die Wirkung sein.

Nach drei Wochen intensiven Übens der langen Version kann der Entspannungseffekt über Stunden anhalten oder, wenn er nachläßt, mit einer kleinen Zwischenübung am Arbeitsplatz, von der niemand außer Ihnen etwas bemerken muß, wieder »nachgetankt« werden.

Dazu brauchen Sie dann nur, wenn Sie sich unbeobachtet fühlen, eine Muskelgruppe anspannen, sich einen Moment auf die Spannung konzentrieren, dann wieder loslassen und der Entspannung nachfühlen. Genauso, wie Sie es bei der »großen« Übung gelernt haben. Durch den mittlerweile eingetretenen Lern- und Generalisierungseffekt erreichen Sie damit die volle Entspannungswirkung.

Die hohe Schule des Entspannungstrainings

Man kann im Extremfall ganz ohne An- und Entspannung von Muskeln auskommen.

Beachten Sie aber bitte hierbei, daß diese Übung erst nach etwa einem Jahr regelmäßiger Anwendung der progressiven Muskelentspannung möglich ist. Dann allerdings ist sie eine Methode, die sich wirklich überall und jederzeit anwenden läßt.

Entspannung für Profis: Mit der nötigen Übung können Sie sich allein durch die Kraft Ihres Willens entspannen!

Die Kraft der Vorstellung erfahren

Sie brauchen dann nichts anderes zu tun, als sich vorzustellen, Sie würden eine große Muskelgruppe, z. B. die Arme oder die Oberschenkel, anspannen und wieder loslassen, um das Gefühl voller körperlicher und geistiger Entspannung zu erfahren!

Wohlgemerkt: Sie stellen sich dann nur noch die An- und Entspannung vor und erleben dann über die inzwischen eingetretene Konditionierung Ihres Körpers die entsprechende Wirkung sowohl auf körperlicher als auch auf geistiger Ebene. Dazu brauchen Sie nicht einmal mehr die Augen zu schließen. Sie können dann überall in weniger als zehn Sekunden völlig entspannt sein.

Gezielte Entspannung einzelner Organsysteme

In vielen Fällen kann es sinnvoll sein, einen bestimmten Körperbereich oder ein einzelnes Organsystem gezielt zu entspannen. Dann konzentriert man sich einfach auf das entsprechende Ziel. Schon die Konzentration allein bewirkt – wenn Sie im Entspannungstraining einigermaßen versiert sind – bereits die Entkrampfung und erhöhte Durchblutung der Region. Der Sinn dieser spezifischen Anwendung wird Ihnen in den späteren Kapiteln (ab Seite 65) klarwerden, wenn wir uns mit den Visualisierungsübungen zu einzelnen Körperregionen oder Krankheitsbildern beschäftigen.

DAS PROBLEMLÖSE-SCHEMA

Die größte Schwierigkeit beim Lösen von Problemen besteht darin, daß man oft gar nicht merkt, wann man welche hat. Allein die Erkenntnis »Ich habe damit ein Problem!« kann daher schon die halbe Lösung sein. Wenn man dann noch in der Lage ist, das erkannte Problem einigermaßen umfassend zu beschreiben und seinen Kern zu erkennen, dann hat man meistens auch die Lösung.

Schnell und einfach auf Probleme reagieren

Alles was Sie brauchen

Am Anfang jeder Lösung steht die Erkenntnis: Ich habe ein Problem. Viele Menschen sind aufgrund ihrer Einstellung oder ihres Verhaltens gar nicht (mehr) in der Lage zu sehen, daß sie Schwierigkeiten mit einer Sache haben. Eventuell haben sie sich mit den unangenehmen Umständen schon lange arrangiert, leben mit dem ungelösten Problem, machen die Augen davor zu, oder praktizieren Scheinlösungen.

Ein untrügliches Zeichen dafür, daß solch eine untaugliche Problemlösung praktiziert wird, ist die ständige Wiederholung von unwirksamen Lösungsversuchen. Wer alte Schwierigkeiten immer wieder mit denselben Lösungen angeht, der macht etwas Entscheidendes falsch. Gerade die fast zwanghafte Wiederholung solcher Versuche ist ein typisches Zeichen dafür, daß die betreffende Person nicht genau weiß, was sie da tut.

Nur wenn Sie Ihre Situation ohne Scheuklappen unter die Lupe nehmen, werden Sie Ihre Probleme in den Griff kriegen.

Probleme erkennen
Herr Wilfried Menge, 39 Jahre, verheiratet, drei Kinder im Alter von acht, sechs und drei Jahren, kommt mit massiven Magenbeschwerden in eine Allgemeinpraxis. Sein Hausarzt ist im Urlaub, und so muß er dessen Vertreter aufsuchen.
Der Arzt fragt Herrn Menge nach bestimmten Lebensumständen, vermutet Stressoren, die ihn belasten könnten und diagnostiziert eine »nervöse Magenverstimmung«. Er verschreibt ihm ein Medikament und schickt ihn mit dem Ratschlag nach Hause, etwas kürzer zu treten und einmal einen längeren Urlaub zu machen.
Was ist hier passiert? Der Arzt verhält sich auf den ersten Blick völlig korrekt. Aber Herr Menge hat noch ein ganz an-

45

deres Problem, das die Magenprobleme erst auslöst. Herr Menge ist Alkoholiker, und sein Hausarzt vermutete dies schon lange. Er hätte das in seine Diagnose mit einbezogen, sein Vertreter bemerkte es nicht, obwohl untrügliche Anzeichen für ein Alkoholproblem vorlagen. Obwohl an der Diagnose eigentlich nichts falsch ist, ist sie unvollständig. Um nicht an den Oberflächensymptomen hängenzubleiben, hätte der Arzt sich ausführlicher mit den Lebensumständen Herrn Menges auseinandersetzen müssen.

Die Behandlung der Magenverstimmung, die eine Folge der ständigen Alkoholvergiftung des Patienten war, ging an dem eigentlichen Problem vorbei. Und da es zum Abwehrverhalten von Alkoholikern gehört, ihr Problem zu verheimlichen, konnte der Arzt nicht auf die Mithilfe des Patienten rechnen.

Gerade bei Gesundheitsstörungen spielt die richtige Lösung von Problemen eine zentrale Rolle. Hier kommt es nämlich entscheidend darauf an, schon zu Beginn der Selbsthilfebehandlung die richtige Diagnose zu stellen. Je genauer, desto größer die Heilungschancen.

Ohne genaue Diagnose geht es nicht

Bei Suchtkrankheiten sind Selbstbehandlungen, wie sie in diesem Buch beschrieben werden, kaum geeignet. Aber bei allen anderen Krankheiten und Gesundheitsstörungen können sie helfen. Und da Sie in diesem Buch Ihr eigener Arzt und gleichzeitig der Patient sind, sollten Sie nicht den Fehler machen, wichtige Symptome zu übersehen. Bei ein bißchen Übung findet man auch schnell die richtigen, weil wirksamen Lösungen.

Falsche Lösungen sind einfach daran zu erkennen, daß sie das Problem nicht beseitigen. Sie lösen einen regelrechten Wiederholungszwang aus.

Nur die richtige Lösung . . .

Denn: Eine falsche Lösung bringt das Problem nicht zum Verschwinden, sondern zwingt mich, immer wieder nach anderen Lösungen zu suchen (Wiederholungszwang!). Nur die richtige Lösung führt zum Verschwinden des Problems. So haben Sie also immer eine gute Korrekturmöglichkeit, um zu sehen, ob Sie auf dem richtigen Weg waren.

...führt zum Verschwinden des Problems

Ein solches Problemlöseschema finden Sie am Ende jeden Kapitels im Gesundheitsbereich. Anhand der Fragen können Sie herausfinden, was Sie beim Vorliegen einer bestimmten Störung tun können, um eine genaue Selbstdiagnose zu treffen und dann, darauf aufbauend, sich für eine Selbstbehandlung zu entscheiden oder lieber einen Arzt aufzusuchen. Außerdem finden Sie am Ende dieses Kapitels ein Beispiel für ein Beschwerdentagebuch, mit dem Sie Informationen, die Sie für eine Selbstbehandlung brauchen, schnell und effektiv finden können.

Probleme ehrlich angehen

Der erste Schritt: Die Einstellung zum Problem finden

- Sind Sie eher jemand, der Problemen aus dem Weg geht?
- Sind Sie jemand, der Probleme geradezu anzieht?
- Sind Sie jemand, der Problemen positiv gegenüber steht, der sie als eine Entwicklungsmöglichkeit verstehen kann?
- Sind Probleme für Sie Herausforderungen?

Es gibt so viele Einstellungen zu Problemen, wie es Charaktere gibt. Als erstes sollten Sie sich darüber klar werden, welcher »Problemlösungstyp« Sie sind.

Sie sollten sich diese Fragen überlegen, um sich Ihre innere Einstellung Problemen gegenüber bewußt zu machen. Es ist bei allen psychosomatischen Erkrankungen sehr wichtig, sich und seine Strategien möglichst genau kennenzulernen, sonst besteht die Gefahr, die Krankheit auf der somatischen Ebene eher zu fördern, als sie zu behandeln oder zu mindern.

Durchschauen Sie Ihre Strategien!

Das Ziel sollte sein, zu einer konstruktiven Sicht von Problemen zu kommen. Solange Sie Probleme nur als Belastung einstufen, werden Sie sie nicht als ganz normalen Vorgang erkennen, der Ihnen weiterhelfen kann, wenn Sie ihn denn erst einmal akzeptiert haben. Erweitern Sie diese Fragestellung auch auf Ihr spezielles Organproblem. Wie stehen Sie diesen Schwierigkeiten gegenüber? Was halten Sie davon, daß sich ausgerechnet dieses Organ oder Organsystem bei Ihnen meldet?

Der zweite Schritt: Das Problem genau definieren

Nun kommt es darauf an, ehrlich und selbstkritisch das eigentliche Problem herauszufinden. Denn oft meinen wir, mit einer Sache Schwierigkeiten zu haben, ohne uns genau darüber im klaren zu sein, daß es sich hier gar nicht um das richtige Problem handelt, sondern nur um eine Folgeerscheinung. Ein Beispiel dafür sind die weitverbreiteten Magen-Darm-Probleme, die meistens nur ein Symptom für Schwierigkeiten in einem ganz anderen Bereich, zum Beispiel der Psyche oder der Ernährung sind.

Echte oder Scheinprobleme?

Viele Probleme sind gar keine, sondern nur Folgeerscheinungen. Es gilt hier, erst mal bis zum Kern des Übels vorzustoßen.

Bei der genauen Problemdefinition kommt es darauf an, sich zum eigentlichen Problem und damit zur tatsächlichen Ursache meiner Schwierigkeiten voranzutasten. Lassen Sie sich hier genügend Zeit, um Ihre Scheinprobleme, die Sie von Ihren wirklichen Problemen nur ablenken sollen, zu eliminieren und zum wahren Problem vorzustoßen.

Die genaue Situationsanalyse

- In welchen Situationen tritt Ihr Problem auf?
- Was sind die genauen Symptome?
- Was geht dem Problem voraus?
- Wie ist Ihre Reaktion darauf?
- Wie lassen sich die Wirkungen mildern?

Bei der Situationsanalyse kommt es vor allem darauf an, sich alle Informationen, die mit dem Problem im Zusammenhang stehen, bewußt zu machen. Dabei kann Ihnen das Beschwerdentagebuch am Ende dieses Kapitels helfen.

Jeder Umstand kann wichtig sein!

Zu dieser Analyse gehört auch, die dabei beteiligten Personen oder Lebensumstände mit einzubeziehen. Machen Sie sich vor allem aber klar, wie Sie sich verhalten, wenn das Problem auftritt. Wie gehen Sie in bestimmten Situationen damit um? Gibt es da Unterschiede, die zum Beispiel von der Situation abhängig sind?

Die ungefähre Zielanalyse

Machen Sie sich danach klar, was Sie wollen, was Sie als Lösung anstreben. Werden Sie sich über Ihre Wünsche bewußt und stehen Sie dazu. Sie brauchen sie an dieser Stelle nur ungefähr formulieren, aber sie sollten schon konkret sein.

> ### Echte Ziele suchen!
> Achten Sie aber vor allem darauf, daß es sich um richtige Ziele handelt und nicht nur die Freiheit von etwas, zum Beispiel von Schmerzen. Das ist kein richtiges Ziel, sondern nur die Negation eines Zustands. Etwas nicht haben zu wollen, ist kein erstrebenswertes Ziel, auch wenn es manchmal erstrebenswert erscheint.

Negationen sind keine Ziele

Wenn Sie Zahnschmerzen haben und sich lediglich wünschen, daß sie verschwinden, dann bedeutet Schmerzfreiheit kein Ziel in unserem Sinne. Denn mit dem Verschwinden der Schmerzen, das man z. B. ja auch mit Schmerztabletten erreichen könnte, wird die eigentliche Ursache, das Problem, das die Schmerzen ausgelöst hatte, gar nicht bearbeitet. Im Gegenteil: Die Schmerzfreiheit würde hier sogar ein wichtiges Signal des Körpers beseitigen und uns in einer trügerischen Sicherheit wiegen, in der die wirkliche Ursache der Schmerzen weiterbestehen kann.

Suchen Sie nach positiven Zielen! Die Freiheit von etwas, z. B. von Schmerz, ist kein vollwertiges Ziel.

Was steht hinter Ihren Zielen?

Ziele müssen also, wenn sie etwas bewirken sollen, das über die bloße Negation eines Zustands hinausgeht, echte Ziele sein und in einer aktiven, positiven Verhaltensänderung bestehen. Die Frage, was meine Zahnschmerzen ursächlich ausgelöst hat, würde vielleicht auf die Spur eines hohen Süßigkeitskonsums führen, aber auch der wäre nur eine Folge und noch keine Ursache.

Hier müßten wir nämlich weiterfragen: was löst den Süßigkeitenkonsum aus? Und da kämen wir zu unseren Bedürfnissen auf der emotionalen Ebene. Wer viel Süßigkeiten ißt, gibt sich auf diese Weise Zuwendung, die er von außen, von anderen nicht bekommt.

49

In einem solchen Bereich wäre dann das echte Problem zu suchen. Und hier würde auch die Lösung ansetzen müssen, wenn sie auf Dauer zu echten Erfolgen führen sollte.

Welche Konflikte bestehen zwischen Situation und Ziel?
Nun geht es darum, sich klarzumachen, welche Konflikte zwischen der Verwirklichung eines Zieles und der aktuellen Situation bestehen können?

Bleiben wir zum besseren Verständnis noch einen Moment lang bei den Süßigkeiten (Symptom: Zahnschmerzen). Wenn jemand an dieser Stelle auf die Idee kommen würde, nur auf Süßigkeiten zu verzichten, bekäme er im Bereich Bedürfnisbefriedigung noch größere Schwierigkeiten. Warum? Die Süßigkeiten können wir als Ersatzbefriedigung eines echten, tieferliegenden Bedürfnisses sehen. Nehmen wir uns also diese Ersatzbefriedigung, wird das ursprüngliche Bedürfnis noch stärker als vorher erlebt. Schließlich hat der Hunger auf Süßes es verdeckt. Nun kommt es als ins Übermächtige gesteigerter »Hunger« wieder an die Oberfläche Ihres Bewußtseins.
Da kann es schon einmal vorkommen, daß Sie schwach werden und wieder zu den Süßigkeiten greifen oder sich eine andere Ersatzbefriedigung suchen – etwa mit dem Rauchen anfangen – und damit das eigentliche Problem verdrängen. In solchen Situationen kann Ihnen aber auch bewußt werden, daß es hier gar nicht um den Hunger auf Süßes, sondern etwa um Ihr Bedürfnis nach Liebe und Zuwendung geht.

Das Problem strukturieren: Um zu einer Lösung zu kommen, müssen möglichst viele Aspekte eines problematischen Sachverhalts ausgeleuchtet werden.

Das Problem wird strukturiert
Nun müssen Sie Ihr Problem in eine Form bringen, ihm eine Gestalt geben, die Sie dann in einzelne Elemente zerlegen können. Das heißt – wieder auf unser Beispiel bezogen –: Es gibt eine körperliche Ebene, den Hunger auf Süßes. Aber es gibt auch eine psychische Ebene, das Bedürfnis nach Liebe. Mit beidem müssen Sie klarkommen, für beides eine Lösung finden.
Für das eine Problem brauchen Sie eine sofortige Lösung, die Ihnen hilft, mit dem Hunger nach Süßem umzugehen, für das ande-

re brauchen Sie eine langfristige Strategie, die Ihnen helfen kann, in kleinen Schritten Ihre echten Bedürfnisse zu befriedigen. Dann gibt es für Ihren Körper auch keinen Grund mehr, irgendwelche somatischen Krankheitssymptome zu entwickeln. Glückliche, zufriedene Menschen haben so gut wie keine psychosomatischen Probleme!

Der dritte Schritt: Nach Alternativen suchen

Denken Sie nun über Ihre Möglichkeiten nach. Was können Sie alles tun, um Ihre Bedürfnisse wirklich zu erfüllen? Sammeln Sie einfach alle potentiellen Möglichkeiten. Bei näherem Nachdenken stellen die meisten Menschen fest, daß es viel mehr Möglichkeiten gibt, als sie zunächst glauben wollten.

Wer sich einem Problem wirklich stellt, wird bemerken, daß es meist viele verschiedene Möglichkeiten gibt, etwas zu ändern. Bewerten Sie die einzelnen Lösungen!

Die Alternativen bewerten
Bewerten und gewichten Sie die einzelnen Lösungen mit Ziffern von 1 bis 5 (schwach bis stark). Die stärkste Lösung sollten Sie dann praktizieren. Also die, die Ihrer Überzeugung nach am wahrscheinlichsten zum Erfolg führen wird.

Der vierte Schritt: Für eine Lösung entscheiden

Nun entscheiden Sie sich für eine oder mehrere Lösungen. Legen Sie sich fest. Versuchen Sie herauszufinden, welche Konsequenzen diese Entscheidung haben könnte. Schreiben Sie sie auf. Falls Sie sich nicht schlüssig sind, denken Sie auch die Folgen der Alternativlösungen durch.

Der fünfte Schritt: Die Erfahrungen überprüfen

Sie führen eine Lösung durch und überprüfen diesen Weg anhand der dabei gemachten Erfahrungen. Das entscheidende Kriterium muß lauten: Geht es mir nun besser?

Erfolgreich oder noch einmal von vorne?
Sind Sie erfolgreich, können Sie hier abschließen. Sind Sie es nicht, fangen Sie mit dem Schema noch einmal von vorne an, denn dann haben Sie möglicherweise etwas übersehen, das Sie im zweiten Anlauf bestimmt finden werden.

51

Das Beschwerdentagebuch

Wir haben immer verschiedene Möglichkeiten zur Verfügung, wenn wir etwas an uns selbst beobachten wollen. Eine der am häufigsten praktizierten Methoden ist die unsystematische Beobachtung. Sie basiert meistens auf zufälligen Informationen, die wir über uns sammeln. Wir machen ein paar Beobachtungen, stufen sie als unangenehm ein, vergessen sie wieder und kommen erst auf sie zurück, wenn sie wieder auftreten.

Zufallsinformationen helfen selten weiter

Sie wollen Ihre Beschwerden in den Griff kriegen? Unsystematische Zufallsbeobachtungen helfen da selten weiter.

Im Laufe der Zeit bekommen wir auf diese Weise zwar auch Informationen, aber sie sind nicht sehr genau. Unsere Erinnerung ist viel zu sehr von Stimmungen, Gefühlen und Einschätzungen beeinträchtigt, die diese Art der Datensammlung sehr stark verfälschen können.

Beim Beschwerdentagebuch geht es darum, die Störungsquellen möglichst auszuschalten und so viele Informationen wie möglich zu sammeln, um einen genauen Überblick zu bekommen.

Informationen gezielt sammeln

Nehmen wir einmal an, jemand würde unter Unruhe und Nervosität leiden. Er weiß aber nicht, woher diese Unruhe kommt. Die einfachste Methode, dies herauszufinden, besteht darin, sich Notizen darüber zu machen, in welchen Situationen die Unruhe auftritt. Damit diese Notizen aber auch wirklich alle für uns wichtigen Informationen enthalten, müssen wir sie ordnen. Dabei kann uns ein einfacher Selbstbeobachtungsbogen helfen. Diese Bögen sind universell einsetzbar – sie können für jedes Symptom verwendet werden.

Kleiner Zeitaufwand – großer Erfolg

So ein Beschwerdentagebuch ist eine einfache Sache, die mit einem kleinen Zeitaufwand große Ergebnisse und viele diagnostische Hinweise erbringen kann. Da die so gewonnenen Erkenntnisse präzis geordnet sind, sind sie für eine spätere Selbstbehandlung leicht einsetzbar.

Beschwerden eintragen

Zeit	Situation	Symptom	Stärke	Reaktion
05 Uhr 06 Uhr 07 Uhr 08 Uhr 09 Uhr usw.				

Was bedeuten die einzelnen Spalten?

Das Beschwerdentagebuch enthält auf einer einzelnen Tagesseite
fünf Spalten. Jede dieser Spalten soll Ihren Blick auf einen Aspekt
Ihrer Beschwerden richten. Die Erfahrung hat gezeigt, daß die meisten Menschen ihre Symptome unspezifisch einschätzen und vor
allem über eine längere Zeitdauer auch nicht in der Lage sind, das
Auftreten der Beschwerden genau nachzuvollziehen. Je mehr Zeit
vergangen ist, desto ungenauer wird unser Gedächtnis.
Mit Hilfe des Beschwerdentagebuchs können wir dem ein Schnipp-
chen schlagen. Die Aufteilung bestimmter Beobachtungseinheiten
gewährleistet, daß wir sehr genau nachvollziehen können, was mit
uns los ist. Die fünf Spalten des Beschwerdentagebuchs geben
Antwort auf die wichtigsten Fragen:

Die goldenen Fragen an das Beschwerdentagebuch: Was tritt wann in welcher Stärke auf? Wie reagieren wir darauf?

- Wann treten die Beschwerden auf?
- In welchen Situationen?
- Welches Symptom zeigt sich?
- In welcher Stärke?
- Was unternehmen wir?

Schon allein die Tatsache, daß Sie beginnen, über Ihre Beschwer-
den Buch zu führen, kann zu einer Verminderung des beobachteten
Symptoms führen. Das ist eine Erfahrung, die viele Ärzte und
Therapeuten gemacht haben. Allein die bessere Beobachtung eines

Symptoms, die hauptsächlich der Diagnose dient, ist immer auch schon eine kleine therapeutische Maßnahme. Aber Achtung: nach einiger Zeit »normalisiert« sich das wieder. Das heißt: Das Symptom tritt in der alten Stärke und Häufigkeit auf.

Spalte 1: Zeit/Datum

Ein Stichwort genügt. Sie müssen keine präzisen Berichte schreiben – es reicht, wenn Sie Ihrem Gedächtnis auf die Sprünge helfen.

Jedes einzelne Beschwerdeblatt wird mit dem Datum versehen. Das ist wichtig, um später über einen längeren Zeitraum nachvollziehen zu können, an welchen Tagen die Beschwerden stärker werden, nachlassen oder gar verschwinden.

Die Einteilung in Stundenintervalle hat sich in der Praxis am besten bewährt. Kleinere Intervalle bringen keine besseren Aufschlüsse, sie komplizieren die Selbstbeobachtung nur unnötig. Größere Intervalle verschleiern eventuell die Beobachtung und lassen keine differenzierten Schlüsse auf bestimmte Auslöser mehr zu.

Auch nächtliche Beschwerden notieren

Wenn Sie in der Nacht ruhig und vor allem ununterbrochen durchschlafen, können Sie diese Stunden zusammenfassen. Haben Sie auch nachts Beschwerden, sollten Sie die Nachtstunden ebenso wie die Tagstunden genau aufführen, um genauere Zusammenhänge herauszufinden.

Spalte 2: Situation

Hier geht es vor allem um eine kurzgefaßte Gedächtnisstütze, die Ihnen später helfen kann, Situationen genauer zu erinnern. Es kommt hier nicht darauf an, einen kleinen Roman zu schreiben, sondern lediglich darauf, ein kurzes Stichwort zu notieren, das die Situation kennzeichnet und Ihnen später Anhaltspunkte liefert, um sich genauer erinnern zu können.

Ein Stichwort genügt

Es reicht also völlig aus, wenn Sie in diese Spalte Begriffe wie »Frühstück« oder »Mittagessen« oder ähnliches eintragen. Ebenso gut können es Wörter wie »Am Arbeitsplatz«, »In der Küche« oder »Beim Fernsehen« sein. Wichtig ist nur, daß Sie etwas damit verbinden können.

Spalte 3: Symptom

Wollen Sie nur ein bestimmtes Symptom beobachten, so reicht hier ein »Ja« (oder »+«) für das Vorkommen eines Symptoms aus und ein »Nein« (oder »–«) für das Nichtauftreten. Handelt es sich aber um mehrere Symptome, dann tragen Sie hier auch deren genaue Bezeichnung ein.

Spalte 4: Stärke

Bei der vierten Spalte geht es um die Intensität, mit der das Symptom auftritt. Um das kurz und ohne unnötigen Papierkrieg zu machen, hat es sich als praktikabel erwiesen, die Stärke auf einer Skala einzuschätzen. Je nach Symptom sind allerdings verschiedene Skalen notwendig.

Nehmen wir einmal Herzstiche als Beispiel: Hier ist es notwendig zu wissen, ob sie immer in gleicher Intensität auftreten oder ob sie mal schwächer und mal stärker sind. Eine einfache Skala von 1–10 könnte dies ausdrücken. Eins würde sehr schwach, zehn sehr stark bedeuten.

Aber solche Skalen haben auch Nachteile. Sie lenken unsere Aufmerksamkeit unnötig auf den negativen Bereich der hohen Zahlen. Dies kann verschiedene psychologische Wirkungen haben, die man mit einer differenzierteren Skala leicht ausschließen kann.

Verwenden Sie bei der Bewertung Ihrer Symptome auch positive Zahlenwerte. Es ist psychologisch wichtig, daß Sie sich auch Besserungen oder Beschwerdefreiheit bewußtmachen!

Positive Werte

Dazu richten wir unser Augenmerk nicht nur auf die Stärke der Herzstiche, sondern auch auf die andere, die positive Seite. In der Praxis hat sich eine Skala bewährt, die auch das Nachlassen der Symptome, die mögliche Besserung miteinbezieht. Eine solche Skala kann so aussehen:

$$-5 \;-4 \;-3 \;-2 \;-1 \;\; 0 \;\; +1 \;+2 \;+3 \;+4 \;+5$$

Hier müssen wir das Symptom mit einer Zahl und einem Plus- oder Minuszeichen bewerten und wissen dann sofort, ob die Stiche stark oder weniger stark waren (–5 bis –1) oder, wenn sie nachlassen und wir uns besser fühlen, in welchem Ausmaß das geschieht (+1 bis +5).

Spalte 5: Reaktion

Diese Spalte ist gerade im Hinblick auf eine spätere Behandlung sehr wichtig. Sie gibt nämlich sofort Aufschlüsse darüber, wie wir uns nach dem Auftreten des Symptoms verhalten. Ein interessantes Fallbeispiel aus der Praxis macht deutlich, worauf es hier ankommt und wie viele Menschen, ohne es zu wissen, sich selbst austricksen und der Krankheit damit Tür und Tor öffnen.

Inge Walter ist 56 Jahre alt und seit mehr als 25 Jahren verheiratet. Frau Walter wird immer wieder von schweren Migräneanfällen heimgesucht, für die es auf den ersten Blick weder äußere Anlässe noch eine organische Ursache gibt. Die Anfälle treten zu verschiedenen Zeiten über den Tag verteilt auf. Eine Selbstbeobachtung erbringt schon nach einigen Tagen genauere Hinweise. So konzentrieren sich die schwersten Anfälle alle auf den späten Nachmittag, wenn Frau Walter von der Arbeit nach Hause kommt. Ihr Arzt verschreibt lediglich starke Schmerzmittel und rät ihr, sich etwas zu schonen.

Falsche Reaktion

Mit Passivität und Rückzug reagieren viele Menschen auf Leiden wie Kopfschmerz und Migräne. Es kann aber gerade hier nötig sein, aktiv zu werden.

Die Selbstbeobachtung erbringt aber auch wichtige Aufschlüsse über die Art und Weise, mit der Frau Walter mit ihrer Migräne umgeht. Meist zieht sie sich auf ein Sofa im Wohnzimmer zurück, läßt die Jalousien herunter und dämmert einige Zeit dahin. Ihre Reaktion auf den Anfall ist also immer passiv. In der Therapie lernt sie mit Hilfe der Selbstbeobachtung, wie sie anders und vor allem aktiver mit ihrer Erkrankung umgehen kann. Es wird nämlich deutlich, daß die Symptome stärker werden, wenn Sie sich hinlegt und das Licht verdunkelt. Sie lernt nun, sich aktiv damit auseinanderzusetzen, sich nicht zurückzuziehen, sondern etwas zu unternehmen. Aber was?

Offensiv handeln!

In Gesprächen kristallisiert sich sehr schnell heraus, daß Frau Walter große Probleme mit ihrem Ehemann hat, denen sie mit den Migräneanfällen aus dem Weg geht. Anstatt sich im abgedunkelten

Raum zu verkriechen und sich damit ihren Mann vom Leibe zu halten, lernt sie nun, sich mit ihm auseinanderzusetzen. Je mehr sie in dieser Richtung unternimmt, desto geringer werden Häufigkeit und Intensität der Anfälle. Diesen Zusammenhängen kam sie mit Hilfe einer detaillierten Selbstbeobachtung in zwei Monaten auf die Spur.

Bitte nichts vergessen! Wer jeden Tag dreimal zum Tagebuch greift, stellt sicher, daß er genügend Informationen über seine Probleme sammelt.

Wann soll man eintragen?

Sie notieren am besten dreimal täglich, nämlich mittags, spätnachmittags und spätabends. Diese Aufteilung auf drei Beobachtungstermine hat verschiedene Vorteile:

- Sie sparen Zeit und müssen nicht ständig mit einem Zettel herumlaufen, um jeden Moment Eintragungen vorzunehmen. Statt dessen haben Sie für jeden Abschnitt des Tages einen Eintragungstermin vorgesehen.
- Sie finden einen festen Rhythmus für Ihre Eintragungen. Wenn Sie es immer zu gleichen Zeit machen, vergessen Sie es nicht. Es ist so, wie mit den Tabletten, die man nehmen muß: am besten morgens, mittags, abends.
  Im Gegensatz zu Tabletten sind hier allerdings die Zeiten mittags, nachmittags und abends besser, weil Sie am morgen in der Regel noch nicht genug Material zum Eintragen haben werden. Ausnahme: Wenn Sie nächtliche Erlebnisse eintragen wollen, sollten Sie dies natürlich morgens tun, solange die Erinnerung noch frisch ist.
- Die Zeiträume zwischen den verschiedenen Beobachtungszeiträumen werden nicht zu lang. Würden Sie zum Beispiel nur am Abend Eintragungen machen, hätten Sie schon die Hälfte der notwendigen Informationen vergessen.
  Je kürzer die Beobachtungsintervalle, desto genauer die Eintragungen, desto unbequemer wird das Ganze aber auch – und damit die Versuchung, den nötigen Eintrag zu vergessen oder aufzuschieben. In der Praxis hat sich das Dreierintervall zur Beobachtung als ideal herausgestellt.

STÖRUNGEN DURCH STRESS

Daß Belastungen im Berufs- und Alltagsleben krank machen können, ist allgemein bekannt. Was aber »Streß« genau ist, warum er schadet, aber auch nützt, und wie wir uns vor streßbedingten Krankheiten schützen können, erfahren Sie im folgenden Kapitel.

Was ist Streß?

Wir wollen uns in diesem Buch nicht auf Herzinfarkte oder andere lebensbedrohliche Erkrankungen konzentrieren, sondern uns hauptsächlich mit Störungen beschäftigen, die Sie in Selbsthilfe heilen oder verhindern können. Die meisten Psycho-Power-Methoden können zwar auch bei schweren Gesundheitsstörungen wie dem Herzinfarkt oder dem Krebs helfen, aber nur als behandlungsbegleitende Maßnahme.

Schädlich oder nützlich?

Die vielfältigen Alltags- und Berufsbelastungen unter dem Begriff »Streß« zusammenzufassen ohne zu differenzieren, ist allgemein üblich, aber falsch. Dieser Definitionsfehler hat größere Auswirkungen, als es auf den ersten Blick scheint. Während der Laie denkt, Streß seien die vielen Belastungen, denen er täglich ausgesetzt ist, verstehen Fachleute wie Psychologen oder Mediziner unter dem Begriff die Art und Weise, wie eine Person auf äußere Belastungen, die man »Stressoren« nennt, reagiert.

Streß kann durchaus nützlich sein, um unsere Körperfunktionen auf Trab zu halten. Erst im Übermaß wird er gesundheitsschädlich.

Ursache und Wirkung
Der Unterschied zwischen beiden Definitionen ist entscheidend. Während der Laie die äußere Belastung als Quelle im Blick hat, sieht der Fachmann auf die inneren Vorgänge der betroffenen Personen.

> Streß kann zwar von außen ausgelöst werden, aber bei der Streßvermeidung oder -reduzierung geht es um mehr, als nur die Stressoren auszuschalten.

Eustreß und Distreß
Streß ist die unspezifische Reaktion des Körpers auf irgendeine Anforderung. Dabei wird zwischen zwei Hauptreaktionsformen unterschieden, dem sogenannten »Eustreß« und dem »Distreß«. Unter

Eustreß versteht man angenehmen oder sogar heilsamen, unter Distreß unangenehmen, im Extremfall zur Krankheit führenden Streß. Als Konsequenz kann man folgern:

> **Streß ist nötig**
> Streß ist nicht etwas, das vermieden werden muß. Tatsächlich kann er per definitionem nicht vermieden werden ... Komplette Freiheit von Streß ist Tod.

Meist mehrere Ursachen

So können äußere Belastungsbedingungen zwar bei der Krankheitsentstehung eine zentrale Rolle spielen, so wie das zum Beispiel beim Asthma bronchiale und den Schadstoffen der Fall zu sein scheint, aber sie allein lösen die Krankheit nicht aus.

So wirkt Streß auf Sie

Streß ist meßbar! Vergleichen Sie die Tabelle mit Ihrer persönlichen Lebensführung.

Daß Streß krank machen kann, wissen Ärzte und Psychologen schon seit vielen Jahren, aber erst dem amerikanische Arzt Dr. Thomas Holmes von der University of Washington und seinen Mitarbeitern gelang der wissenschaftliche Nachweis dieser Theorien. Dr. Holmes entwickelte eine Skala, mit deren Hilfe bestimmten Belastungen Zahlenwerte zugeordnet wurden. Die Summe dieser Werte konnte dann Auskunft über das Ausmaß der Streßbelastung im Leben eines Menschen geben.

Streßbelastungsskala nach Holmes

Ereignis	Bewertung
● Tod des Ehepartners	100
● Scheidung	73
● Trennung der Ehepartner	65
● Gefängnishaft	63

Ereignis	Bewertung
● Tod eines Angehörigen	63
● Körperverletzung oder Krankheit	53
● Heirat	50
● Entlassung	47
● Aussöhnung der Ehepartner	45
● Pensionierung	45
● Erkrankung eines Angehörigen	44
● Schwangerschaft	40
● Sexuelle Probleme	39
● Familienzuwachs	39
● Geschäftlicher Neuanfang	39
● Veränderung des finanziellen Status	38
● Tod eines engen Freundes	37
● Veränderung in der Häufigkeit ehelicher Auseinandersetzungen	36
● Arbeitsplatzwechsel	36
● Hypotheken oder Darlehen in größerer Höhe	31
● Verfall eines Darlehens oder einer Hypothek	30
● Veränderung des berufl. Verantwortungsbereichs	29
● Sohn oder Tochter verlassen das Haus	29
● Schwierigkeiten mit angeheirateten Verwandten	29
● Hervorragende persönliche Leistungen	28
● Ehepartner wird berufstätig oder hört auf zu arbeiten	26
● Schuleintritt oder Schulabschluß	26
● Veränderung der Lebensbedingungen	25
● Änderung persönlicher Gewohnheiten	24
● Schwierigkeiten mit dem Vorgesetzten	23
● Veränderung der Arbeitsbedingungen	20
● Wechsel des Wohnorts	20
● Veränderte Freizeitgewohnheiten	19
● Veränderung der sozialen Aktivitäten	18
● Kleinere Hypotheken oder Darlehen	17
● Veränderung der Schlafgewohnheiten	16
● Veränderung der Anzahl der Familienzusammenkünfte	15

Die Summe Ihrer Streßpunkte gibt Auskunft über Ihre aktuelle Streßbelastung.

Eine Heirat ist immer ein freudiges Ereignis, aber auch ein anstrengendes. Die damit verbundenen Entscheidungen können uns belasten, ohne daß wir etwas davon haben.

Auch positive Stressoren belasten

Vorsicht! Auch positive Ereignisse – eine Hochzeit, ein Lottogewinn, die Geburt eines Kindes – können Streß auslösen.

Sie werden vielleicht überrascht sein, weil in dieser Skala auch Ereignisse enthalten sind, die allgemein positiv bewertet werden, wie zum Beispiel die Heirat oder der Urlaub. Bedenken Sie aber bitte, daß alle belastenden Ereignisse Streß auslösen können, unabhängig davon, ob sie positiv oder negativ erlebt werden. Erinnern Sie sich: Nicht die Ereignisse stellen die Belastung dar, sondern allein die körperlichen Reaktionen darauf wirken sich auf unsere Gesundheit aus.

Am Beispiel einer Heirat läßt sich das auch gut nachvollziehen. Zwar handelt es sich, oberflächlich betrachtet, um einen in der Regel positiv erlebten Vorgang, aber dieser fordert vom einzelnen Ehepartner in der Folgezeit eine ganze Reihe von Anpassungsleistungen – eine Perspektive, die natürlich erheblichen Streß auslösen kann, auch wenn man ihr freudig entgegensieht.

Ab wann ist Streß gefährlich?

Als relativ sicher gilt inzwischen, daß man bei 300 oder mehr Punkten nach dieser Skala mit hoher Wahrscheinlichkeit erkranken wird. 94 Prozent aller Testpersonen erkrankten, wenn sie innerhalb von zwölf Monaten auf mindestens 300 Punkte kamen. Blieben sie unterhalb dieser Grenze, sank die Erkrankungrate rapide ab.

In welchem Lebensbereich stehen Sie am meisten unter Streß?

Am Anfang einer jeden Analyse steht die Identifikation des Problems. Wir müssen wissen, was mit uns los ist, bevor wir uns Gedanken darüber machen, was wir dagegen unternehmen können. Im Alltag geht uns häufig der Blick selbst für einfache Tatsachen verloren, weil wir keine Zeit mehr zu haben glauben und dann, ohne groß zu überlegen, mit vorschnellen Lösungsversuchen reagieren.

Rechnen Sie Ihre Streßpunkte zusammen! Wenn Sie sich der 300-Punkte-Marke nähern, sollten Sie etwas tun!

> **Notieren Sie Ihre Streßpunkte**
>
> Fragen Sie sich, wieviel Stressoren auf Sie einwirken. Zählen Sie Ihre Punkte zusammen und notieren Sie sie. Mit Hilfe der folgenden Techniken sollte es Ihnen gelingen, diese Streßfaktoren zu reduzieren. Am Ende einer Selbstbehandlung können Sie an diese Stelle des Buches zurückkehren und sich noch einmal einschätzen. Dann werden Sie wahrscheinlich feststellen können, daß sich Ihre Streßbelastung reduziert hat.

Mit Psycho-Power Streß abbauen

Jetzt sind Sie fit genug, um sich näher mit den verschiedenen Techniken des Psycho-Power-Programms beschäftigen zu können. Lesen Sie im nächsten Kapitel, welche Kräfte in Ihnen stecken können und wie Sie diese für sich selbst nutzen können.

DIE KRAFT DES BILDES

Visualisierung kann bei vielen Störungen und Krankheiten eingesetzt werden. Mit Hilfe von Visualisierungstechniken können körpereigene Heilungsprozesse beschleunigt oder ausgelöst werden.

Mit Visualisierungen bringen Sie Ihrem Gehirn bei, mit beiden Hemisphären, der linken und rechten Hirnhälfte, zu denken. Durch ein paar einfache Tricks können Sie so Ihre Denkkapazität maximal steigern. Visualisierung ist eine wirkungsvolle Form von Gehirn-Jogging.

Visualisierungs- und Konzentrationsübungen

In Bildern denken lernen

Natürlich kann man mit einem einzigen Gedanken sein vegetatives Nervensystem negativ oder positiv beeinflussen. Ob Sie sich in einer lebensgefährlichen Situation wähnen und denken: »Gleich sterbe ich« und damit Ihr vegetatives Nervensystem, Ihr Hormonsystem, Ihren Kreislauf und Ihre Herzfrequenz hochfahren oder ob Sie sich sagen: »Mir kann nichts passieren, alles ist völlig sicher« und damit die entsprechenden Systeme beruhigen, basiert einzig und allein auf Gedanken.

Visualisierung – wenn man im Kino schwitzt

Wenn Sie sich im Kino einen spannenden Film ansehen, werden Sie feststellen, daß Sie nicht mal selbst betroffen sein müssen, sondern daß die Vorstellung einer Gefahr in Form eines Bildes sogar dann ausreicht, wenn es um andere Menschen in Gefahr geht, um bei Ihnen entsprechende körperliche Reaktionen auszulösen. Wer von uns hat noch nicht geschwitzt, wenn Clint Eastwood ahnungslos durch den Canyon reitet und hinter dem nächsten Felsen die Bösewichte lauern?

Das vegetative Nervensystem beruhigen

Umgekehrt kann man durch die Vorstellung von angenehmen Zuständen (Glück, Reichtum, Gesundheit oder einfach Hoffnung) das vegetative Nervensystem beruhigen und es in einen entspannten Zustand des Gleichgewichts bringen.

Bei den späteren Visualisierungsübungen in diesem Kapitel kommt es darauf an, sich sowohl den krank machenden, als auch den gesund machenden Zustand vorstellen zu können. Es ist außerordentlich wichtig, beide Seiten zu kennen, um sich dann für die richtige entscheiden zu können.

Den Körper mit Hilfe von Visualisierungen zu beeinflussen, ist eine ganz normale Sache. Sie wissen selbst, wie Sie bei aufregenden Filmen Herzklopfen bekommen oder sich bei angenehmen Gedanken beruhigen können.

65

Was Visualisierungsübungen leisten

Für Ihre Psyche können Visualisierungen ein wahrer Segen sein. Stärken Sie Ihr Selbstbewußtsein, bauen Sie Ängste ab, trainieren Sie Ihren Willen!

Mit Visualisierungen lassen sich viele Ängste abbauen. Den meisten Ängsten liegt ein mangelndes Selbstbewußtsein zugrunde, man hält eine als bedrohlich empfundene Situation für zu groß und sich selbst für zu schwach, um ihr widerstehen zu können. Mit Hilfe der Visualisierung können Sie Ihr Selbstbewußtsein und damit Ihre Fähigkeiten, mit Ängsten fertig zu werden, stärken.

Mit Visualisierungen können Sie Ihren Willen stärken. Sie lernen dabei, daß Sie etwas tun können, damit Ihr Leben eine andere Richtung bekommt.

Gehirntraining durch Visualisierungen

Mit Visualisierungen können Sie Ihr Gehirn dazu bringen, möglichst viele seiner Regionen mit einzubeziehen und so Ihre Gehirnkapazität maximal ausnutzen. Linke und rechte Gehirnhälfte arbeiten beim Visualisieren zusammen. Andere Gehirnregionen können zur Mitarbeit ermuntert werden, wenn Sie zusätzliche Effekte in die Visualisierung mit einbeziehen, wie zum Beispiel Ihre Gefühle.

Mit Visualisierungen können Sie physische Veränderungen herbeiführen. Sie stärken damit Ihr Immunsystem und verändern Ihr hormonales Gleichgewicht. Wenn Sie mit Hilfe der Übungen anfangen, anders als bisher zu denken, verändern Sie damit auch Prozesse, die in Ihrem Körper ablaufen.

Hilfe für das Unterbewußtsein

Mit Visualisierungen können Sie Ihr Unterbewußtsein positiv beeinflussen. Möglicherweise stammen krankheitsfördernde Einstellungen von dort. Mit Hilfe von Visualisierungen können Sie hier positiv einwirken und diese Einstellungen verändern bzw. durch fördernde ersetzen.

Mit Visualisierungen können Sie Ihre Selbstheilungskräfte mobilisieren. Das reduziert Streß, stärkt das Selbstbewußtsein, erhöht Ihr Selbstvertrauen und ist ein Bollwerk gegen Hilf- und Hoffnungslosigkeit.

Sie können mit Hilfe von Visualisierungen Ihre Hormone wieder richtig in Wallung bringen und so einem möglicherweise eingeschlafenen Liebesleben auf die Beine helfen. Man kann es natürlich auch umgekehrt machen (wenn es zu stark ausgeprägt ist).

Sogar Krankheiten wie dem Krebs oder Herz- und Kreislauferkrankungen können Sie mit Visualisierungsübungen zu Leibe rücken, indem Sie Ihre Abwehrkräfte stärken. Hier ist es aber wichtig, sich an kleineren Visualisierungen zu versuchen, bevor man sich an schwierigere Aufgaben macht.

Visualisierungen erfolgreich einsetzen

Psycho-Power-Übungen sind, wie schon in der Einleitung erwähnt, eine ganzheitliche Methode, die zwar zunächst auf der kognititven und emotionalen Ebene ansetzt, aber durch das gestärkte Geist-Körpergefühl und die bessere Selbstwahrnehmung in andere Lebensbereiche ausdehnen läßt.

Wer einmal anfängt, sich mit sich selbst und seinem Körper zu befassen, wie das Psycho-Power-Programm dies macht, wird einmal gewonnene Erkenntnisse und erlebte Erfolge ohne Schwierigkeiten auf andere Lebensbereiche übertragen.

Visualisierungen sind selbst bei schweren Krankheiten einsetzbar. Dafür braucht man aber einiges an Übung.

Vorübungen zur Visualisierungstechnik

Bei den Vorübungen zur richtigen Visualisierungstechnik kommt es vor allem darauf an, sich bewußt zu machen, daß Sie es schaffen können, auch die komplexeste Übung auszuführen, wenn Sie sich schrittweise herantasten. Mit jeder bewältigten Übung kommen Sie einen Schritt voran.

Loben Sie sich!

Vergessen Sie nicht, sich für jede erfolgreiche Übung auch zu loben! Viele Menschen haben völlig verlernt, sich mal ein Lob auszusprechen. Sie halten das für überflüssig. Damit unser Selbstbewußtsein aber wachsen kann und damit auch unsere Fähigkeit, uns schwierigen Aufgaben erfolgreich zuzuwenden, brauchen wir Erfolge. Mit jedem kleinen Erfolg wächst auch unsere Zuversicht, daß wir es schaffen können.

Visualisierung in Lang- und Kurzversion

Die Aufteilung der Übungen in lange und kurze Übungseinheiten dient zunächst dem richtigen Erlernen der Technik. Beherrschen Sie durch regelmäßiges Üben erst einmal die Langversion, können Sie die Übungen bei Bedarf verkürzen. Damit wird die Visualisierung zu einem effektiven Instrument der Selbstveränderung, das Sie überall und zu jeder Zeit einsetzen können.

Zum Übungsablauf von Visualisierungen:
- Sie sollten die Minimuskelrelaxation beherrschen
- Sie sind in der Lage, eigene Vorstellungsbilder zu entwickeln und diese gegen die Vorschläge der Standardübungen auszutauschen
- Sie beherrschen den üblichen Übungsablauf in Schritten

Die ersten Vorübungen

Die folgenden Übungen können Ihnen dabei helfen, sich schnell und sicher ein großes Stück Selbstbewußtsein zu verschaffen. Die Durchführung sollte etwa fünf bis zehn Minuten dauern. Es macht nichts, wenn Sie sie zu Beginn häufiger mal vergessen. Natürlich wirkt sie dann nicht so schnell und vor allem auch nicht dauerhaft.

Als Regel gilt:
- Unregelmäßiges, seltenes Üben: langsame und kurzfristige Erfolge
- Regelmäßiges, häufiges Üben: schnelle und dauerhafte Erfolge

Drei goldene Regeln: Immer zur gleichen Zeit üben. Regelmäßig üben. Mit einfachen Übungen anfangen.

Am besten sind drei Übungseinheiten von fünf bis zehn Minuten Dauer pro Tag. Wichtig wie bei allen anderen Psycho-Power-Methoden auch: Machen Sie Ihre Übungen immer zur gleichen Zeit, ritualisieren Sie den Übungsvorgang. Das hilft Ihnen, sich besser zu konzentrieren und die entsprechenden Formeln erfolgreich in Ihrem Unterbewußtsein zu verankern.

Übung 1: In einfachen Bildern denken lernen

1

Suchen Sie sich einen ruhigen Platz, nehmen Sie die richtige Haltung ein (Kapitel »Die richtige Haltung bei Psycho-Power-Übungen«).

2

Entspannen Sie sich nun so gut Sie können. Schließen Sie die Augen. Am besten führen Sie an dieser Stelle eine Mini-Muskelrelaxation durch (Vgl. Seite 41). Sie können sich aber auch ohne weitere Vorbereitung auf die Übung einlassen, um das Verfahren einmal auszuprobieren. Das ist einfach:

3

Spannen Sie beide Hände zur Faust an, und spüren Sie die Spannung in Ihren Fäusten etwa vier bis sechs Sekunden lang. Dann lassen Sie wieder los, öffnen die Hände und legen sie wieder so hin, wie in der Ausgangsstellung. Spüren Sie, wie die Entspannung sich in den Händen ausbreitet, wie sie tiefer und tiefer wird. Lassen Sie dieses Gefühl etwa acht bis zehn Sekunden lang zu.

4

Ihre Konzentration sollte sich in Ihren Händen befinden. Wandern Sie im Geist durch Ihre Hände. Gehen Sie von der Handwurzel los, und folgen Sie allen Muskeln, Knochen oder Gelenken bis in die Fingerspitzen.

5

Bei der Anspannung spüren Sie den verkrampften Muskeln nach. Bei der Entspannung stellen Sie sie sich entspannt vor.

6

Wichtig ist: Versuchen Sie ein Bild Ihrer Hände zu sehen, ohne daß Sie die Augen dabei öffnen.

7

So, nun zählen Sie langsam von fünf an rückwärts bis null, und öffnen Sie die Augen. Spannen Sie Ihre Hände dabei noch einmal zur Faust und lassen Sie gleich wieder los. Konzentrieren Sie sich dabei nun mit offenen Augen auf die Entspannung in den Händen. Sehen Sie sie dabei an. Folgen Sie jeder Einzelheit Ihrer Hände mit den Augen.

8

Schließen Sie noch einmal die Augen, und stellen Sie sich Ihre Hände vor. Nur kurz, dann öffnen Sie wieder die Augen und sehen Ihre Hände wieder an.

9

Wenn Sie Schwierigkeiten dabei haben, sich von Ihren Händen eine Vorstellung zu machen, wiederholen Sie diese Übung einige Male. Können Sie jedoch Ihre Hände schon genau geistig sehen, gehen Sie zur nächsten Übung über.

Ein Bild des Körpers

Sie können diese Übung mit jedem Ihrer Körperteile durchführen und sich so von jedem ein klares, geistiges Bild machen. Gerade Personen, die nicht ausreichend auf Ihren Körper achteten und so verlernten, auf seine Signale zu hören, können durch diese Übungen ihre Körperwahrnehmung wieder verbessern. Achten Sie aber bitte an dieser Stelle darauf, Körperteile wie Arme, Beine, Kopf oder ähnliches zu nehmen. Auf keinen Fall sollten Sie sich zu Beginn Ihrer Beschäftigung schon mit der Vorstellung von inneren Organen wie zum Beispiel Herz oder Lunge beschäftigen. Organe sind komplexe lebende Systeme, deren Funktionen wir erst später noch visualisieren werden, wenn Sie sich mit der Methode richtig vertraut gemacht haben.

Übung 2: In komplexen Bildern denken lernen

1

Sie setzen sich wieder in der richtigen Sitzhaltung auf Ihren Stuhl, entspannen sich etwas, lassen sich locker werden. Schließen Sie die Augen. Spannen und entspannen Sie Ihre Hände zur Faust, und spüren Sie Anspannung und Entspannung.

2

Nun stellen Sie sich noch einmal Ihre Hände vor. Konzentrieren Sie sich auf Ihre rechte Hand (wenn Sie Linkshänder sind, nehmen Sie die linke), und stellen Sie sich ein Stück Kreide darin vor.

3

Stellen Sie sich nun Ihre ganze Person vor, die in einem leeren Klassenraum vor einer Tafel steht. Folgen Sie nun ge-nau Ihrer Hand mit der Kreide, die beginnt, Ihren Vor- und Nachnamen an die Tafel zu schreiben. Gehen Sie in Gedanken genau jeden Buchstaben nach. Wenn Sie fertig geschrieben haben, treten Sie einen Schritt oder mehrere zurück, und sehen Sie sich Ihren Namen in seiner vollen Breite an.

4

Zählen Sie von fünf an rückwärts bis null, und öffnen Sie die Augen. Spannen Sie die Hände nochmal zur Faust, und lassen Sie wieder los, fühlen Sie nach, wie die Entspannung sich in den Händen ausbreitet.

5

Können Sie Ihren ganzen Namen auf der Tafel erkennen? Oder sehen Sie nur einen Teil des Namens?

Geometrische Formen stärken die Vorstellungskraft

Für Menschen, die es nicht gewohnt sind, in Bildern zu denken, kann es hilfreich sein, sich einfache geometrische Formen, wie zum Beispiel ein Dreieck, einen Kreis oder ein Viereck vorzustellen. Dieses kann man mit entsprechenden Hintergrundfarben und Formfarben kombinieren.

Im nächsten Schritt geht es darum, mehrere Aspekte einer Sache gleichzeitig zu visualisieren. Waren es in den obigen Beispielen nur ein oder zwei Aspekte wie Form, Größe oder Farbe, so sind es nun schon einige mehr.

Sollten Sie noch ein paar kleine Probleme dabei haben, sich alles vorzustellen, so wiederholen Sie die Übung ein paarmal, bis Sie damit zufrieden sind. Wenn Sie den ganzen Namen erkennen können, können Sie zur nächsten Übung übergehen.

Wenn Sie mit komplexen Bildern – etwa vom Inneren Ihres Körpers – Ihre Schwierigkeiten haben: Fangen Sie einfach mit geometrischen Formen an!

Weitere Beispiele für komplexe Vorstellungsübungen

Stellen Sie sich vor, wie Sie in einem Streit mit Ihrem Partner vernünftig Ihre Argumente vortragen und zu einer für beide Seiten befriedigenden Einigung kommen. Stellen Sie sich vor, wie Sie mit einem Ihrer Kinder Schularbeiten üben und Ihr Kind sich freut, weil es die schwere Aufgabe nun begriffen hat.

Oder stellen Sie sich einmal vor, wie Sie vor einer Gesellschaft eine Rede halten und Ihnen dabei tosend applaudiert wird. Haben Sie keine Scheu vor Themen, die Ihnen vielleicht egoistisch oder kindisch erscheinen! Stellen Sie sich vor, wie Sie ein Vorstellungsgespräch perfekt über die Bühne bringen und wie der neue Chef Ihnen danach zu Ihrer neuen Stelle gratuliert.

Die neun Grundregeln für die erfolgreiche Durchführung von Visualisierungsübungen:

- Setzen Sie sich richtig hin. Die Haltung ist sehr wichtig. Alle Organe müssen frei arbeiten können.
- Schließen Sie die Augen. Dadurch wird die Konzentration um 100 Prozent gesteigert.

71

- Entspannen Sie sich mit einer Minimuskelrelaxation vor der Übung. Damit steigern Sie die Konzentration nochmals um etliche Prozent und erleichtern Ihrem Körper, gleichmäßig zu arbeiten und regelgerecht zu funktionieren.
- Machen Sie sich ein Bild, von dem, was Sie stört und eins von dem, was Sie erreichen wollen.
- Sehen Sie sich so, als ob Sie schon Erfolg hätten, als ob Sie Ihr spezielles Verhalten schon erreicht hätten.
- Stellen Sie sich vor, Sie hätten sogar alle Ihre Ziele schon erreicht. Alles, was Sie wollen!
- Loben Sie sich ausgiebig dafür!
- Werden Sie sich bewußt, wieviel Sie wirklich können, was alles in Ihnen steckt!
- Zählen sie rückwärts von fünf bis null, öffnen Sie die Augen und entspannen Sie nochmals mit Hilfe einer Minimuskelrelaxation.

Übung 3: Positive Gefühle visualisieren

1

Sie nehmen wieder die inzwischen gut bekannte Sitzhaltung ein, schließen die Augen und stellen sich vor, wie Sie sich erfolgreich auf ein schweres Gespräch mit Ihrem Partner vorbereitet haben und wie Sie im Gespräch erleben können, daß sich der andere Ihren besseren Argumenten beugt.

2

Sehen Sie nun im Geiste Ihr eigenes Gesicht, wie die Freude in den kleinen Lachfalten zum Ausdruck kommt, wie Sie zu lächeln beginnen, erst verhalten, dann immer stärker, wie Sie sogar laut herauslachen und den anderen in den Arm nehmen können, ihn drücken und ihm sagen, wie Sie sich darüber freuen.

3

Stellen Sie sich vor, wie Ihr ganzer Organismus auf Freude eingestellt ist, wie überall Hormone aktiviert werden und wie Ihr Herz vor Freude hüpft und kräftig und regelmäßig schlägt.

4

Zählen Sie von fünf an rückwärts bis null, und öffnen Sie dann die Augen. Spannen Sie die Hände nochmal und lassen Sie wieder los. Spüren Sie, wie die Entspannung sich auszubreiten beginnt.

Schwierigkeiten beim Üben lösen

Es gibt nicht viele Probleme, die beim Visualisieren auftreten können, aber die wichtigsten sollten Sie dennoch kennen. Dabei sind sie weder gefährlich noch unlösbar: Wenn Sie eine der folgenden Schwierigkeiten bei Ihren Bemühungen um Visualisierung feststellen, können Sie ruhig und gelassen damit umgehen, denn es geht vielen so.

Die Bilder sind nicht klar und scharf

Sollten Sie gerade zu Beginn der Übungen feststellen, daß Ihre Vorstellungsbilder noch nicht so klar und scharf sind, wie Sie es sich eigentlich wünschen, dann ist das leicht mit etwas Übung zu beheben. Sie sollten für ein paar Mal mit einfachen geometrischen Formen Vorstellungsbilder einüben. Lassen Sie sich ruhig Zeit dabei. Niemand treibt Sie an.

Eigenlob stinkt?

Dieses Problem hängt mit dem letzten zusammen. Personen, die sehr streng mit sich selbst sind, haben naturgemäß auch Schwierigkeiten, sich selbst in dem Ausmaß zu loben, wie es für den Aufbau eines gesunden Selbstwertgefühls nötig ist. Sie glauben häufig, man sollte sich nicht selbst loben, weil man dann zu egoistisch würde.

Wenn das Gewissen zu kritisch ist

Das ist leider ein weitverbreiteter Denkfehler. Wer sich selbst mag und mit sich und seinen Handlungen zufrieden ist, kann sich dafür auch loben. Das hat er oder sie sich verdient. Leider wurden aber gerade viele Menschen dazu erzogen, daß man genau das nicht tut. Unsere Eltern waren häufig sehr streng mit uns, um uns nicht zu sehr zu verwöhnen. Diese elterliche Haltung haben viele von uns einfach übernommen. In der Psychologie sagt man dazu: Wir haben unsere Eltern internalisiert. Wir haben die Stimme unserer Eltern zu unserem Gewissen gemacht.

So ein Verhalten ist aber schädlich, wenn man sich selbst zu einem anderen Verhalten motivieren will. Warum? Weil wir dann schnell dazu neigen, uns selbst und unsere Aktionen zu schnell abzuwer-

Keine Angst, wenn es nicht auf Anhieb klappt! Anfängliche Schwierigkeiten sind ganz normal. Meist sind wir viel zu kritisch mit uns selbst.

ten. Wir wollen dann häufig so perfekt sein, wie unsere Eltern uns gerne gehabt hätten und verhindern mit diesem überhöhten Perfektionsanspruch eine vernünftige Leistung.

Machen Sie sich keine Gedanken, wenn Ihre Visualisierungen anfangs noch unscharf ausfallen. Das ist ganz normal und wird sich bei etwas Übung schnell ändern.

Es kommt nicht darauf an, daß andere uns loben, damit wir dadurch glauben, etwas wert zu sein – wichtig ist, daß wir uns selbst loben und mögen. Man braucht dazu nicht erst besondere Leistungen zu vollbringen, sondern kann sich für jeden kleinen Schritt, den man macht, ausführlich loben.

Machen Sie sich frei. Stellen Sie selbst für sich neue Regeln auf, die Ihr Selbstwertgefühl stärken, anstatt es zu schwächen. Loben Sie sich aus vollem Herzen und sagen Sie sich: »Ich bin völlig in Ordnung. So wie ich das mache, ist es okay!« Seien Sie endlich nett zu sich. Sie werden es sich danken!

Visualisierungen sind kein Selbstbetrug

Aus einer ähnlichen Quelle stammt auch das nächste Problem: Viele Menschen sind, wenn Sie sich mit Psycho-Power-Methoden befassen, noch nicht so weit, daß Sie sich auf positives, auf Veränderung gerichtetes Denken einstellen können. Sie sagen sich

oft: »Wenn ich jetzt sage, ich bin entspannt, obwohl ich noch verkrampft bin, dann belüge ich mich doch selbst!« Das gleiche
Problem passiert ihnen überall dort, wo es gerade darauf ankommt,
sich einen wünschenswerten Endzustand vorzustellen und nicht die
momentane, verkrampfte Situation.

Reden Sie sich nur nicht ein, Visualisierungen seien eine Form von Selbstbetrug! Sie formulieren doch nur einen Zustand, den Sie mit Ihrem Körper oder Ihrer Psyche erreichen wollen.

Gebrauchen Sie Ihre Phantasie!
Wer sich aber aus einem belastenden Zustand lösen will,
kommt nicht umhin, sich zunächst etwas »vorzumachen«,
sich also etwas als gegeben vorzustellen, was im Moment
nicht der Realität entspricht. Es geht hier auch gar nicht um
wahr oder unwahr, sondern darum, seine Vorstellung selbst zu
steuern. Wir lenken sie von der unangenehmen Situation weg,
hin zu der Lösung. Die Visualisierung soll nicht der Selbsttäuschung dienen, sondern der Selbststeuerung.

Wir können bei einer entsprechenden Visualisierung dafür sorgen,
daß unser Immunsystem aktiv wird. Natürlich entspricht das noch
nicht ganz den Tatsachen, aber es ist auch nicht gelogen, weil wir
da ja hinwollen. Wir wollen, daß das Immunsystem aktiv wird und
müssen ihm also dafür einen auslösenden Impuls zusenden.

Die Vorstellung Realität werden lassen
Dieser Impuls ist der entsprechende Gedanke, verbunden mit einem Bild, das ihn verstärkt. Dieser Gedanke und dieses Bild können aber nur durch unseren Befehl in Gang kommen. Wir müssen
unserem Gehirn also den Befehl erteilen: Stell dir vor, es wäre so
und so. Wenn es richtig funktioniert, löst dieser Gedanke dann eine
körperlich spürbare Veränderung aus. Danach decken sich auch
wieder Vorstellung und Realität. Es geht uns tatsächlich besser.

Wichtig:
Finden Sie positive persönliche Bilder, die Ihnen dabei helfen, sich gut zu fühlen und Ihre Ziele bei der Visualisierung
auch zu erreichen.

Dirigent und Orchester

Glauben Sie an Ihren Erfolg! Sie sind der Dirigent, Ihre Persönlichkeitsanteile das Orchester. Mit anderen Worten: Sie haben das Sagen!

Der italienische Psychologe Piero Ferrucci benutzt zu diesem Zweck das Bild eines Orchesters. Er sagt: Die Musiker sind unsere persönlichen Fähigkeiten und die Rollen, die wir im Leben so oft spielen, das Gehirn ist der Dirigent. Ohne unseren Dirigenten kommt keine Fähigkeit zum Einsatz. Setzen Sie Ihren Dirigenten überlegt ein, und lassen Sie sich nicht von Ihren Musikern den Taktstock aus der Hand nehmen. Sagen Sie ganz ruhig: »Ich bin der Dirigent. Ich bestimme, wann du drankommst!« Auf diese Art können Sie auch mit Persönlichkeitsanteilen, die Ihnen vielleicht einen Strich durch die Rechnung machen wollen, gut ins Gespräch kommen. Aber denken Sie daran: Dirigenten diskutieren nicht, sie handeln.

Was Sie beachten sollten

Ein paar kleine Tips, wie Sie die folgenden Visualisierungsübungen im Alltag erfolgreich durchführen können:

● Suchen Sie sich einen wirklich ruhigen Platz. Sorgen Sie dafür, daß niemand Sie stören kann. Ziehen Sie den Telefonstecker raus, oder stellen Sie den Anrufbeantworter an. Schalten Sie die Türklingel ab.
● Lesen Sie die Übung vor dem Üben ein- bis zweimal durch. Suchen Sie sich vor dem Beginn schon Ihre Vorstellungsübung genau aus. Legen Sie fest, was Sie sich bei den einzelnen Passagen vorstellen wollen.
   Die vorgeschlagenen Vorstellungsübungen sind nur Beispiele. Sollen diese Übungen sehr wirksam sein, müssen Sie diese Beispiele durch Ihre eigenen Bilder ergänzen.
● Je besser Sie vorher entspannt sind, desto besser wirken Visualisierungen. Vergessen Sie also bitte nicht, zuerst die Muskelrelaxation richtig zu erlernen.
● Die wirkungsvollste Methode besteht darin, über einige Zeit pro Tag drei kurze Visualisierungen von 5 bis 15 Minuten zu machen. Es ist nicht so wichtig, wie lang die Übung ist, sondern wie intensiv Sie sie erleben. Besser viele kleine Übungen als wenige große!

- Ritualisieren Sie die Übungen. Gewöhnen Sie sich an einen immer gleichen Rhythmus. Im Laufe der Zeit gewöhnt sich Ihr Körper an diese Übungen und produziert auf Ihr Kommando die erwünschten Effekte, selbst wenn nur kleine Anreize gegeben werden. Sie konditionieren sich sozusagen selbst auf Erfolg.
- Beginnen Sie damit, Ihre Motivation, dieses Programm durchzuführen, zu stärken. Damit geben Sie sich selbst die Initialzündung und stellen sicher, daß Sie dabei bleiben. Wie das geht, erfahren Sie im nächsten Kapitel.

Visualisierungsübungen für den Alltag

Die Motivation stärken

1

Nehmen Sie eine bequeme Sitzhaltung ein, und schließen Sie die Augen.

2

Richten Sie Ihre Konzentration auf die Kraft, alles schaffen zu können, was Sie nur wollen.

3

Führen Sie eine Minimuskelrelaxation durch. Spüren Sie die Entspannung.

4

Visualisieren Sie nun Ihre Kraft, Ihre Motivation. Was für ein Bild könnten Sie da nehmen? (Zum Beispiel: Alle Energie, die in Ihnen steckt, als blauer Strahl, der von Ihrem Mittelpunkt, Bauchnabel oder Solar plexus, ausstrahlt. Oder Sie stellen sich vor, Ener-

gie aus der Natur, zum Beispiel bei einem Gewitter, aufzutanken. So können Sie sich zum Beispiel die Kraft der Sonne zunutze machen, indem Sie ihre Strahlen über Ihre Körpermitte in sich aufnehmen. Sie können auch Symbole aus der Tierwelt nehmen, Stier, Pferd, Adler, etc., und spüren, wie deren Kräfte in Sie übergehen.)

5

Wie läuft es falsch? Was passiert, wenn es nicht klappt? Stellen Sie sich auch dafür ein typisches Beispiel vor. Aber nur kurz, ein paar Sekunden lang.

6

Wie läuft es richtig erfolgreich? Stellen Sie sich nun vor, wie Sie das Gewünschte erreichen. Wie Sie genau das

Die Motivation stärken

schaffen, was Sie schon immer wollten. Hier kommt es jetzt darauf an, sich einen Verhaltensbereich herauszunehmen und ihn genau zu visualisieren. Wenn Sie z.B. mit dem Rauchen aufhören wollen, stellen Sie sich vor, wie Sie alle Schritte bis hin zur ersten Ablehnung eines Zigarettenangebots schaffen.

7

Freuen Sie sich mit möglichst vielen Sinnen über Ihren Erfolg. Sehen Sie sich erfolgreich, und freuen Sie sich daran. Hören Sie, wie andere Sie dafür loben. Hören Sie auch Ihre eigene Stimme, wie Sie Ihnen sagt: »Das hast Du sehr gut gemacht. Bravo!« Keine Angst. Es ist nicht schlimm, wenn Sie es übertreiben. Sie haben sich wahrscheinlich schon lange nicht mehr richtig gefreut.

8

Bekräftigen Sie Ihre Übungen, indem Sie sich darin erfolgreich sehen. Stellen Sie sich vor, wie Sie in allen möglichen Bereichen erste Erfolge haben! Stellen Sie sich vor, wie Sie sich jeden Tag hinsetzen und mindestens dreimal täglich eine Visualisierungsübung machen.

9

Zählen Sie rückwärts von fünf nach null, öffnen Sie die Augen.

10

Wiederholen Sie die Minimuskelrelaxation, und spüren Sie die Entspannung.

Die Konzentration stärken

1

Nehmen Sie Ihre bequeme Sitzhaltung ein, und schließen Sie die Augen.

2

Konzentrieren Sie sich auf ein einfaches geometrisches Muster, zum Beispiel einen Kreis oder ein Quadrat. Dann lassen Sie es wieder los.

3

Machen Sie eine Minimuskelrelaxation, und entspannen Sie sich. Spüren Sie die Entspannung so intensiv wie möglich.

4

Visualisieren Sie das Thema »Konzentration«. Drücken Sie es versuchsweise so aus: Stellen Sie sich einen Edelstein vor, der so geschliffen ist, daß das einfallende Licht in einem einzigen Strahl gebündelt wird.

5

Wie läuft es falsch? Wechseln Sie wieder Ihre Aufmerksamkeit. Kehren Sie kurz zu einem Beispiel zurück, wo Sie sich nicht oder nur schlecht konzentrie-

Die Konzentration stärken

ren konnten. Stellen Sie es sich bildhaft vor. Aber nur kurz.

6

Wie läuft es richtig erfolgreich? Wechseln Sie noch einmal die Aufmerksamkeit, und konzentrieren Sie sich auf das Gegenteil: Stellen Sie sich dasselbe Beispiel noch einmal vor, aber eben so, als ob Sie erfolgreich dabei wären.

7

Freuen Sie sich mit möglichst vielen Sinnen über Ihren Erfolg. Sehen Sie sich, wie Sie sich bestens und über einen langen Zeitraum erfolgreich konzentrieren können, und wie Sie sich darüber freuen. Fühlen Sie, wie die Freude in Ihnen hochkommt, wie sie wächst. Schmecken Sie sie, indem Sie sich die Freude wie ein gutes Essen vorstellen, etwas, das Sie gerne mögen. Riechen Sie sie wie ein gutes Parfüm. Versuchen Sie, alle Sinne irgendwie zu integrieren, konzentrieren Sie sie auf einen Punkt, auf sich selbst!

8

Loben Sie sich selbst! Sie haben sich noch nie so konzentriert. Und noch nie über so einen langen Zeitraum so erfolgreich. Sprechen Sie sich innerlich ein großes Lob aus. Wenn niemand in der Nähe ist, sagen Sie es ruhig laut: »Das hast Du gut gemacht. Sehr gut sogar!«

9

Bekräftigen Sie Ihre Übungen, indem Sie sich darin erfolgreich sehen. Stellen Sie sich vor, wie Sie die Übungen erfolgreich abschließen. Stellen Sie sich vor, wie Sie ruhig und mit geschlossenen Augen auf einem Stuhl sitzen, und in Ihrem Kopf spielt sich ein ganzer Kosmos von Möglichkeiten ab!

10

Zählen Sie rückwärts von fünf nach null, öffnen Sie die Augen.

11

Wiederholen Sie die Minimuskelrelaxation, und konzentrieren Sie sich auf das Gefühl der Entspannung.

Die Entspannung vertiefen

1

Nehmen Sie Ihre bequeme Sitzhaltung ein, und schließen Sie die Augen.

2

Konzentrieren Sie sich auf die Hände.

3

Machen Sie eine Minimuskelrelaxation, und entspannen Sie sich. Spüren Sie die Entspannung. Sind noch Muskeln verkrampft, entspannen Sie sie nochmal.

79

Die Entspannung vertiefen

4

Visualisieren Sie sich selbst, wie Sie da auf einem Stuhl sitzen und völlig entspannt sind. Stellen Sie sich vor, wie das Blut ruhig und regelmäßig durch Ihren Kreislauf fließt, alle Organe und Zellen ausreichend mit Sauerstoff versorgt und auf dem Rückweg Schadstoffe und Rückstände wieder mitnimmt.

5

Wie läuft es falsch? Stellen Sie sich nun vor, wie es war, als Sie sich noch nicht entspannen konnten. Stellen Sie es sich einen kurzen Moment lang vor, wie Sie früher verkrampft und nervös waren.

6

Wie läuft es heute richtig erfolgreich? Stellen Sie sich nun vor, wie Sie heute in Minuten völlig entspannt sein können. Stellen Sie sich das so plastisch wie möglich vor! Stellen Sie sich Ihren Atem vor, wie er ruhig und gleichmäßig für ausreichend Sauerstoff sorgt und wie er Abbauprodukte beim Ausatmen aus dem Körper bringt, wie er ihren Körper reinigt. Stellen Sie sich vor, wie Ihr Herz ruhig und regelmäßig schlägt und wie es für Energie in Ihrem ganzen Körper sorgt. Stellen Sie sich vor, wie Ihr Gehirn immer mit der gleichen Menge Blut und Sauerstoff versorgt wird und wie es Tag und Nacht für Sie arbeitet, ohne jemals zu erschlaffen.

7

Freuen Sie sich mit möglichst vielen Sinnen über Ihren Erfolg. Sehen, hören, riechen, schmecken und fühlen Sie, wie Sie sich entspannen können. Entwickeln Sie hier persönliche Vorstellungsbilder aus Ihrer eigenen Phantasie, die Ihnen helfen können, die Freude mit allen Sinnen zu spüren.

8

Loben Sie sich selbst! Sprechen Sie sich selbst ein kräftiges Lob aus. Streicheln Sie Ihre Seele. Sie haben es sich schon lange verdient, seien Sie endlich einmal nett genug zu sich selbst, so, daß Sie sich mögen können.

9

Bekräftigen Sie Ihre Übungen, indem Sie sich darin erfolgreich sehen. Stellen Sie sich vor, wie Sie alle Visualisierungsübungen mit großem Erfolg absolvieren, und wie Sie sich dabei immer besser und tiefer entspannen können. Sie sind schon so locker, daß Sie fast schwerelos werden.

10

Zählen Sie rückwärts von fünf nach null, öffnen Sie die Augen.

11

Wiederholen Sie die Minimuskelrelaxation, und konzentrieren Sie sich auf das Gefühl der Entspannung.

Sich in der Partnerschaft durchsetzen

1

Nehmen sie Ihre bequeme Sitzhaltung ein, und schließen Sie die Augen.

2

Richten Sie Ihre Konzentration auf sich selbst und Ihren Partner.

3

Machen Sie eine Minimuskelrelaxation, und entspannen Sie sich. Spüren Sie die Entspannung so intensiv wie möglich.

4

Visualisieren Sie Ihre Partnerschaft in einem Bild, zum Beispiel wie Sie beide gemeinsam einen Handwagen mit Kindern ziehen oder wie Sie gemeinsam an Ihrem Haus bauen oder wie Sie gemeinsam ein Festessen vorbereiten.

5

Wie läuft es falsch? Stellen Sie sich vor, wie Sie sich meistens über etwas streiten und gegensätzlicher Meinung sind. Aber nur einige Sekunden lang.

6

Wie läuft es richtig erfolgreich? Stellen Sie sich nun, ruhig etwas länger und ausführlicher, vor, wie Sie beide es richtig machen wollen. Nehmen Sie ruhig ein aktuelles Problem, und stellen Sie sich plastisch vor, wie es eigentlich laufen müßte, damit Sie zufrieden und glücklich damit sein können. Denken Sie in bewegten Bildern, die Ihre Wünsche ausdrücken können.

7

Freuen Sie sich mit möglichst vielen Sinnen über Ihren gemeinsamen Erfolg. Sehen, hören, riechen, schmecken und fühlen Sie, wie Sie sich freuen. Suchen Sie sich dazu eigene Vorstellungsbilder: zum Beispiel ein kleines Freudentänzchen oder ein Freudenschrei oder etwas, das zu Ihnen paßt und Ihre Freude am besten ausdrücken kann.

8

Loben Sie sich selbst! Loben Sie sich so, wie Sie es brauchen. Loben Sie sich so, wie Sie es schon lange vermißt haben und sich wünschen, daß jemand anderes Sie einmal so loben würde.

9

Bekräftigen Sie Ihre Übungen, indem Sie sich darin erfolgreich sehen. Stellen Sie sich in mehreren Situationen erfolgreich vor. Alles, was Sie nun in der Partnerschaft anfassen, gelingt Ihnen.

10

Zählen Sie rückwärts von fünf nach null, öffnen Sie die Augen.

11

Wiederholen Sie die Minimuskelrelaxation, und konzentrieren Sie sich auf das Gefühl der Entspannung.

Kinder erfolgreich erziehen

1

Nehmen sie Ihre bequeme Sitzhaltung ein, und schließen Sie die Augen.

2

Konzentrieren Sie sich auf Ihre Kinder. Stellen Sie sie sich ganz kurz vor.

3

Machen Sie eine Minimuskelrelaxation, und entspannen Sie sich. Spüren Sie die Entspannung so intensiv wie möglich. Sind einzelne Muskeln noch verkrampft, entspannen Sie sie nochmal.

4

Nun visualisieren Sie Ihre Kinder noch einmal. Stellen Sie sie sich plastisch vor. Sprechen Sie innerlich ihre Namen aus. Konzentrieren Sie sich dabei auf die Gefühle zu den jeweiligen Personen. Wenn Sie nur ein Kind haben, achten Sie bitte darauf, diesen Übungsteil nur kurz zu absolvieren. Haben Sie mehrere Kinder, wechseln Sie nach ein paar Sekunden jeweils zum nächsten Kind.

5

Wie läuft es falsch? Stellen Sie sich einen aktuellen Konflikt mit einem Kind vor. Bleiben Sie einen Moment in dieser Vorstellung, und überlegen Sie ruhig, was es eigentlich so schwierig macht?

6

Wie läuft es richtig erfolgreich? Stellen Sie sich vor, wie Sie dieses Problem gerne gelöst hätten. Lassen Sie sich und das Kind so handeln, wie Sie es im Idealfall gerne hätten. Bleiben Sie in dieser Vorstellung ruhig etwas länger.

7

Freuen Sie sich mit möglichst vielen Sinnen über Ihren Erfolg. Sehen, hören, riechen, schmecken und fühlen Sie den Erfolg. Suchen Sie sich ein paar passende Vorstellungsbilder dafür heraus. Vielleicht ein gemeinsames Essen mit den Kleinen oder Großen? Vielleicht nehmen Sie sie in den Arm und drücken Sie einmal kräftig.

8

Loben Sie sich selbst! Loben Sie sich für Ihren Erfolg, für Ihre Intelligenz, für Ihre Beharrlichkeit, für Ihre neugewonnene Power!

9

Bekräftigen Sie alle Ihre Übungen, in dem Sie sich darin erfolgreich sehen. Stellen Sie sich vor, wie Sie erfolgreich alle Ihre Probleme und Schwierigkeiten visualisieren und danach lösen.

10

Zählen Sie rückwärts von fünf nach null, öffnen Sie die Augen.

11

Wiederholen Sie die Minimuskelrelaxation, und konzentrieren Sie sich auf das Gefühl der Entspannung.

Erfolgreich im Beruf

1

Nehmen sie Ihre bequeme Sitzhaltung ein, und schließen Sie die Augen.

2

Konzentrieren Sie sich auf die berufliche Position, die Sie gerne einnehmen würden. Stellen Sie sich diese Aufgabe bildlich vor.

3

Entspannen Sie sich jetzt mit einer Minimuskelrelaxation. Wechseln Sie schnell zu den Entspannungsteilen über, und verweilen Sie bei dem Gefühl der Entspannung ruhig etwas länger.

4

Visualisieren Sie nun, da Sie entspannt und locker sind, noch einmal die erwünschte berufliche Position, die Sie einnehmen möchten. Stellen Sie sich das Ganze so plastisch wie möglich vor.

5

Wie läuft es falsch? Stellen Sie sich einen Moment lang vor, wie es bisher gelaufen ist. Nehmen Sie ein konkretes Beispiel, wo es nicht so gelaufen ist, wie Sie es sich gewünscht hätten.

6

Wie läuft es richtig erfolgreich? Wechseln Sie die Vorstellung hin zu einem erfolgreichen Verlauf. Nehmen Sie das gleiche Beispiel wie eben, aber mit umgekehrtem Vorzeichen. Jetzt stellen Sie sich vor, wie es laufen müßte, wenn Sie in Ihren Bemühungen erfolgreich wären.

7

Freuen Sie sich mit möglichst vielen Sinnen über Ihren Erfolg. Sehen, hören, riechen, schmecken und fühlen Sie Ihren Erfolg. Gehen Sie mit allen Sinnen daran, sich über Ihren Erfolg in Ihren beruflichen Bemühungen zu freuen. Lassen Sie sich ruhig einen Moment lang Zeit dabei.

8

Loben Sie sich selbst! Belohnen Sie sich im Geiste für Ihre Bemühungen. Lassen Sie sich etwas Gutes zukommen. Seien Sie so richtig nett zu sich selbst, und bestärken Sie mit diesem Lob auch Ihre bisherigen Anstrengungen.

9

Bekräftigen Sie alle Ihre Übungen, indem Sie sich darin erfolgreich sehen. Gehen Sie in Gedanken die Visualisierungsübungen kurz durch. Sehen Sie sich entspannt dasitzen und diese Übungen erfolgreich durchführen.

10

Zählen Sie rückwärts von fünf nach null, öffnen Sie die Augen.

11

Und nun entspannen Sie sich noch einmal kurz, indem Sie die Minimuskelrelaxation wiederholen.

WÜNSCHE WERDEN WAHR

Sie können sich alles wünschen, was Sie wollen. Sie können auch alles bekommen, was Sie sich wünschen, wenn Sie dabei einige Spielregeln beachten und bereit sind, für die Verwirklichung Ihrer Wünsche ein wenig Zeit zu investieren. Sie brauchen etwa zweimal eine halbe Stunde pro Woche dazu.

Die Kraft Ihrer Gedanken und Gefühle richtig nutzen

Am Anfang steht der Wunsch

Die meisten Menschen haben Wünsche, die sie gern verwirklicht sehen würden. Aber sie machen einen entscheidenden Fehler: Sie tun kaum etwas für die Verwirklichung der Ziele.

In diesem Kapitel zeige ich Ihnen, wie man aus kraftlosen Wünschen Ziele machen kann, die selbständig nach ihrer Verwirklichung streben und sich so fast von alleine erfüllen können.

Was Sie dazu brauchen

Das wichtigste Instrument bringen Sie schon mit – Ihren Kopf bzw. Ihr Gehirn. Mit ihm können Sie alles in Gang setzen, was Sie für die Verwirklichung Ihrer Ziele benötigen. Außerdem brauchen Sie ein paar Blatt Papier, einen Stift und etwas Zeit.

Am Anfang steht der Wunsch

Wer wünscht sich nicht Geld, Reichtum, Gesundheit und ein langes Leben? Die meisten haben schon einmal diese oder ähnliche Wünsche für sich formuliert. Damit waren sie schon auf dem richtigen Weg, denn mit der ersten Wunschformulierung fängt tatsächlich alles an. Aber dann wurde aus irgendeinem Grund nichts daraus und die Wünsche wurden wieder vergessen, gingen im Alltagsstreß unter. Was müssen Sie tun, damit aus Ihren Wünschen auch Wirklichkeit wird?

Schritt 1: Nehmen Sie sich Zeit für Ihre Wünsche

Nehmen Sie sich Zeit. Eine halbe Stunde sollte genügen. Aber sorgen Sie auch dafür, daß Sie diese halbe Stunde wirklich ungestört sind und sich so auf Ihre Wünsche konzentrieren können.

Suchen Sie sich einen Zeitpunkt aus, an dem Sie immer an Ihren Wünschen arbeiten können. Für die spätere Verwirklichung und für einige unbewußte Gehirnarbeiten ist dies wichtig,

Sich seine Wünsche zu erfüllen braucht oft nicht mehr als ein wenig Energie und Konzentration. Wichtigste Voraussetzung: Werden Sie sich klar darüber, was Sie eigentlich wollen!

Die regelmäßige Beschäftigung mit Ihren Wünschen sichert Ihnen die notwendige Kontinuität, die Sie brauchen, um Ihre Wünsche zu verwirklichen. Am besten machen Sie ein kleines, feierliches Ritual daraus.

Hilfreiches Ritual

Am Anfang gilt wie immer: Das Umfeld muß stimmen. Ein kleines Ritual und eine angenehme Umgebung hilft Ihnen, in die richtige Stimmung zu kommen.

Rituale beruhigen, das Feierliche daran gibt dem Ganzen eine gute Stimmung und damit auch die nervlichen Voraussetzungen, um Ihr Gehirn so richtig zu stimulieren. Fragen Sie sich: Stimmt der Zeitpunkt? Bin ich sicher, mich in dieser Zeit auch wirklich auf meine Wünsche einlassen zu können?

Achten Sie auch auf die Wahl des richtigen Ortes. Können Sie hier wirklich ungestört sein? Je besser dies gewährleistet ist, desto besser werden auch die Ergebnisse sein. Je oberflächlicher Sie an die Sache herangehen, je weniger ernst Sie sie nehmen, desto unbefriedigender wird auch das Ergebnis sein.

Wenn Zeit, Ort und Stimmung stimmen, dann können Sie loslegen. Als nächstes legen Sie sich Papier und Stift bereit.

Schritt 2: Denken Sie über Ihre Ziele nach

- Schließen Sie die Augen, atmen Sie dabei ruhig und gleichmäßig. Konzentrieren Sie sich für etwa drei bis vier Minuten auf Ihren Atem. Entspannen Sie sich. Sollten Sie dabei kleine Probleme haben, machen Sie zunächst die Übungen zur Entspannung und zur Verbesserung Ihrer Konzentration, wie auf den Seite 79/80 dargestellt. Danach geht es sicher um einiges besser.
- Denken Sie nun daran, was Sie sich schon lange wünschen. Was ist im Moment Ihr größter Wunsch? Denken Sie in Ruhe darüber nach. Lassen Sie alle möglichen Bilder in Ihrem Gedächtnis aufsteigen, die mit diesem Wunsch zusammenhängen.
- Handelt es sich um eine Sache? Um einen Gegenstand? Dann geben Sie ihm eine Gestalt. Machen Sie ihn gegenständlich.
- Handelt es sich um eine Person? Dann denken Sie an ihren

Namen, sprechen Sie ihn laut aus. Lassen Sie Ihr Bild vor Ihrem geistigen Auge auferstehen. Was erwarten Sie, was wünschen Sie sich?

● Nun öffnen Sie die Augen wieder und notieren das erste Stichwort für Ihren ersten Wunsch. Oben auf dem Blatt rechts fügen Sie bitte das Datum hinzu, damit Sie später nachvollziehen können, wie sich aus Ihren Wünschen im Laufe der Zeit konkrete Ziele herausgebildet haben.

● Schließen Sie bitte wieder die Augen, und stellen Sie sich Ihren nächsten Wunsch vor. Denken Sie auf die oben beschriebene Art und Weise an ihn. Vergessen Sie nicht, so plastisch und so konkret wie möglich an Ihre Wünsche zu denken. Denken Sie mit allen Sinnen an ihn. Sehen, hören, riechen, schmecken und fühlen Sie Ihren Wunsch.

● Notieren Sie das Stichwort für Ihren zweiten Wunsch.

● Auf diese Art und Weise sollten Sie insgesamt mindestens zehn Wünsche stichworthaft formulieren und ihnen eine Zahl zuordnen. Wenn Sie auf diese Weise vorgehen, verankern Sie Ihre Wünsche in Ihrem Gehirn und zwar auf eine Weise, die mit jedem zusätzlichen Schritt immer tiefer und wirkungsvoller wird.

Wünsche im Gehirn speichern

Das Denken in Bildern verankert unseren Wunsch in der rechten Gehirnhälfte, wo die Hauptspeicher für bildhafte Vorstellungen sitzen. Aber nicht nur das, denn durch die positiven Gefühle, die diese Bilder begleiten, die ihnen in Form chemischer Botenstoffe anhängen, werden auch noch andere Speicherbereiche im Gehirn genutzt. Der Wunsch wird also in verschiedenen Ebenen unseres Gehirns verankert und wie in einem Netzwerk verbunden.

Im Netzwerk des Gehirns

Je mehr Ebenen dies sind, desto besser können wir uns an diese Sache erinnern und sie auf Kommando von verschiedenen Zugangsebenen aus abrufen. Verankern Sie Ihren Wunsch also möglichst auf allen Ebenen Ihrer Empfindungen, mit all Ihren Sinnen, dann sitzt er so fest im Gehirn, daß das nicht ohne Wirkung bleibt.

Wenn Sie sich Ihre Wünsche bildhaft vor Augen führen, hilft dies nicht nur bei der Konzentration. Sie regen damit auch die rechte Gehirnhälfte zur Mitarbeit an.

Die Zehn-Wünsche-Grundliste

Wenn Sie Ihre ersten zehn Wünsche auf diese Weise bearbeitet haben, müßten Sie soweit sein, daß Sie eine erste vorläufige Liste Ihrer Wünsche erstellen können. Diese Aufzählung könnte ungefähr so aussehen:

1. Gesundheit
2. Besseres Einkommen
3. Zufriedenheit in der Partnerschaft
4. Besseres Verhältnis zu den Kindern
5. Eine neue Wohnung, ein eigenes Haus
6. Mehr Sport treiben
7. Besser Zeit einteilen
8. Neue Arbeit suchen
9. Geld sparen
10. Ernährung umstellen

Eine solche Liste kann natürlich beliebige Wünsche enthalten. Hier sind Ihrer Phantasie keinerlei Grenzen gesetzt. Sie sollten sich nicht einschränken und schon an dieser Stelle sagen: »Das ist unrealistisch, das wünsche ich mir erst gar nicht!« Im Gegenteil: Seien Sie ruhig maßlos, seien Sie ruhig mal unersättlich, seien Sie ruhig mal ganz egoistisch.

Seien Sie ruhig maßlos bei der Formulierung Ihrer Wünsche. Lassen Sie Ihrer Phantasie freien Lauf! Realistisch werden Sie im Laufe des weiteren Vorgehens ganz automatisch.

Realistisch sein können Sie später

Es interessiert nämlich nicht, ob unsere Wünsche realistisch sind. Hier kommt es darauf an, sich überhaupt erst einmal alle seine Wünsche zu gestatten. Durch die spätere Bearbeitung wird der utopische Wunsch ohnehin realistisch gemacht. Das heißt: Durch die Bearbeitung des Wunsches treten unrealistische Momente in den Hintergrund und realistische in den Vordergrund. Sie können den Wunsch dann so lange in Teilwünsche zerlegen, bis er von ganz allein durchführbar wird. Möglicherweise erkennen Sie auch, daß mancher Wunsch nur ein Ersatz für ein anderes unerfülltes Bedürfnis steht, so daß Sie bei der Analyse Ihrer Wünsche auf verborgene Probleme in Ihrer Psyche stoßen.

Schritt 3: Formulieren Sie Wünsche in konkrete Ziele um

Jeder wünscht sich Gesundheit – ein frommer Wunsch, der so kaum etwas zu bedeuten hat. Wir müssen uns also fragen, was wir unter diesem Wunsch verstehen?

Wir müssen, wenn wir mehr wollen, als nur nicht krank zu sein, uns genauer ansehen, was wir mit dem Begriff »Gesundheit« verbinden. Zunächst einmal bedeutet Gesundheit nach meinem Verständnis, daß die Organe fehlerfrei arbeiten, daß Körper und Seele sich im Gleichgewicht befinden.

Die Vorstellung hinter dem Wort

Das setzt aber einiges voraus: Ich entspanne mich regelmäßig, lasse mich nicht von meinem Streß auffressen, esse ausreichend und achte darauf, genügend Mineralstoffe und Vitamine zu mir zu nehmen. Ich trinke wenig Alkohol – eventuell auch gar keinen –, übertreibe Kaffee- und Teekonsum nicht, rauche selten oder gar nicht, usw.

Hinter dem Wort »Gesundheit« verbirgt sich also eine Vorstellung von einem bestimmten, gesundheitsfördernden Verhalten. Und dieses Verhalten wird nun unser Ziel. Ein Ziel, das deutlich konkreter ist als unser erster Wunsch.

Vage Wünsche sind noch kein Ziel! Konzentrierte Beschäftigung hilft, die zur Wunscherfüllung notwendigen Komponenten herauszufinden.

Was tun? Was tun!

Wer eine sitzende Tätigkeit ausübt, also den ganzen Arbeitstag lang im Büro auf einem Stuhl sitzt, sollte täglich zum Ausgleich mindestens eine halbe Stunde stramm spazierengehen. Darüber hinaus braucht ein Büromensch unbedingt ein bis zwei Anstrengungseinheiten pro Woche, in denen sein Körper auch mal richtig belastet wird. Das kann ein regelmäßiges Jogging sein (von mindestens einer halben bis dreiviertel Stunde Dauer), oder eine die Ausdauer fördernde Sportart wie Fußball, Handball, Tennis, Radfahren oder ähnliches.

Will man nun aus dem Gesundheitswunsch ein Gesundheitsziel machen, dann muß man den Wunsch in ein konkretes Ziel umformulieren, etwa so: »Ich möchte regelmäßig Sport treiben, um mich gesund zu halten.«

Das hört sich dann schon etwas konkreter an, als »Ich möchte gesund bleiben« oder »Ich wünsche mir Gesundheit«.

**Testen Sie sich!
Sind Sie fit?
Vielleicht geht es
Ihnen wie vielen,
die Ihre
Ausdauer über-
und die
Belastung durch
ihren Beruf
unterschätzen.**

Sind Sie fit?

Sie können sich selbst testen, ob Sie sich ausreichend bewegen: Machen Sie vor der Tür einen kleinen Dauerlauf. Schauen Sie zu Beginn auf die Uhr, beginnen Sie normal zu laufen, so lange, bis Ihnen »die Luft wegbleibt«. Prüfen Sie dann Ihren Puls.

Wenn Sie schon nach etwa 300 bis 400 Metern aufhören müssen und einen Puls von über 160 haben, leben Sie wahrscheinlich sehr bewegungsarm. Können Sie dagegen eine Viertelstunde oder mehr ohne große Anstrengung laufen, und Ihr Puls bewegt sich zwischen 120 bis 140, dann sind Sie fit!

Genaue Auskunft durch das Belastungs-EKG

Sie können es auch etwas genauer haben. Gehen Sie zu Ihrem Arzt und lassen Sie ein Belastungs-EKG machen. Je nach Ihrem Lebensalter wird Ihnen Ihr Arzt genau sagen können, wie fit Sie sind und ob Sie eventuell zusätzlich Sport treiben müssen. Probieren Sie es aus, wenn Sie wissen wollen, wie fit Sie wirklich sind!

Was bedeutet ein besseres Einkommen?

Sehen wir uns noch den zweiten Wunsch aus der obigen Liste an: »Besseres Einkommen«. Was heißt ein besseres Einkommen überhaupt? Dieser Mensch will mehr verdienen. Das ist klar. Nicht klar ist hingegen, wie und vor allem wieviel.

Würde er zukünftig eine Mark mehr im Monat verdienen als bisher, dann hätte er zwar ein besseres Einkommen, aber wäre er damit wirklich zufrieden? Wahrscheinlich nicht. Es kommt hier also darauf an, wie bei der Gesundheit, genauer zu definieren, was man will. Und »besseres« sollte hier also durch eine konkrete Vorstellung ersetzt werden. Denn allein die Festlegung eines genauen Betrages kann schon Veränderungen nach sich ziehen.

Präzise Aussagen

Die konkrete Umformulierung eines Wunsches in ein Ziel könnte also so aussehen: »Ich möchte im Monat/im Jahr ca. 1000 DM mehr verdienen.« Da hätten wir unseren Wunsch schon etwas präziser, aber noch längst nicht präzise genug. Denn es bleiben auch hier noch offene Fragen übrig:

- Womit wollen Sie dieses Geld verdienen?
- Wollen Sie es an Ihrem jetzigen Arbeitsplatz verdienen oder in einer Nebenbeschäftigung?

Wollen Sie Ihr Ziel wirklich ganz genau fassen, dann darf im Grunde genommen nichts, aber auch gar nichts offen bleiben. Je genauer wir einen Wunsch konkretisieren, desto mehr wird er zu einem konkreten Ziel, zu einer echten Handlungsanleitung.

Ziele genau formulieren

Sie sehen, um einen Wunsch in ein konkretes Ziel umzuformulieren, sind einige Anstrengungen nötig. Aber keine Angst, es braucht nur etwas konzentrierte Überlegung.

Wir wollen zunächst nichts anderes machen, als unsere Wünsche sprachlich abzuändern. Da reicht es aus, einfach zu schreiben: »Ich wünsche mir, im Monat 1000 DM mehr Geld zu verdienen.«

Die verbesserte Zieleliste

- Gehen Sie einmal alle Ihre Wünsche in dieser Art durch und formulieren Sie sie entsprechend um.
- Achten Sie dabei darauf, einen kompletten Satz zu formulieren, in dem das Wort »Ich« vorkommt.

Das dauernde Umformulieren unserer Wünsche mag etwas lästig sein. Es ist aber die beste Möglichkeit, konkrete Ziele zu formulieren und in unserem Gehirn zu verankern.

1. »Ich möchte mehr für meine Gesundheit tun.«
2. »Ich möchte im Monat 1000 DM mehr verdienen.«
3. »Ich möchte in meiner Partnerschaft zufriedener werden.«
4. »Ich will das Verhältnis zu meinen Kindern verbessern.«
5. »Ich möchte ein eigenes Haus besitzen.«
6. »Ich treibe zweimal die Woche Sport.«
7. »Ich organisiere meine Zeitverteilung neu.«
8. »Ich suche mir eine neue Arbeit.«
9. »Ich will im Monat mehr Geld als bisher sparen.«
10. »Ich möchte meine Ernährung umstellen.«

Nun haben Sie eine viel konkretere Liste als am Anfang. Und zum Teil handelt es sich dabei schon um Anleitungen zum Handeln. Aber wir brauchen noch ein paar zusätzliche Schritte, um diesem Ziel näherzukommen:

So setzen Sie Ihre Ziele in die Tat um

Schritt 4: Schreiben Sie Ihre Zieleliste täglich ab

Nun kommt eine relativ einfache, aber auch etwas langweilige Aufgabe auf Sie zu. Es ist allerdings sehr wichtig, diese Übung täglich zu absolvieren. Denn mit ihr veranlassen Sie Ihr Gehirn, Ihre Ziele im wichtigen Langzeitspeicher Ihres Gedächtnisses zu speichern, von wo aus sie nun wochen- oder monatelang nach Verwirklichung streben werden. Was müssen Sie dafür tun?

Nuzen Sie Ihre gesamte Gehirnkapazität, um Ihre Ziele zu erreichen. Die stete, konzentrierte Beschäftigung mit der Wunschliste aktiviert das Langzeitgedächtnis.

- Sie sollten diese 10 Ziele einmal täglich auf einem weißen Blatt Papier abschreiben.
- Schreiben Sie mit Ihrer schönsten Schrift und bemühen Sie sich, etwas kleiner oder etwas größer als üblich zu schreiben. Warum? Weil das Ihre Konzentration weiter erhöht. Würden Sie Ihre gewohnte Handschrift nehmen, flitzten Sie viel zu unkonzentriert über das Blatt. Wenn Sie Ihre Schrift aber etwas verändern, dann sind Sie dabei in höchstem Maße konzentriert. Und Konzentration brauchen Sie bei der Umsetzung Ihrer Ziele, weil sie sich nur so fest in Ihrem Gehirn verankern lassen und nicht gleich wieder vergessen werden.

Das Langzeitgedächtnis wird aktiviert

Informationen im Kurzzeitgedächtnis werden nur vorübergehend gespeichert und später wieder gelöscht. Das ist wahrscheinlich auch der Grund, weshalb viele Wünsche, an denen wir nicht kontinuierlich arbeiten, schnell wieder in der Versenkung verschwinden. Hier haben Sie aber eine Methode, die Ihnen auf einfache Art und Weise helfen kann, Ihre Ziele fest im Gedächtnis zu verankern. So können sie unmöglich vergessen werden, sondern werden in Ihrem Kopf kontinuierlich weiterbearbeitet!

Sind Sie erst einmal im Gehirn gespeichert, beginnen Sie dort nach einer gewissen Zeit ein Eigenleben. Dann arbeiten Ihre Ziele auch nachts, wenn Sie schlafen, für Sie. Sie wachen morgens auf und haben vielleicht schon beim Aufstehen die Lösung für ein Problem, mit dem Sie sich lange herumgeschlagen haben, im Kopf. Doch Sie müssen Ihrem Gehirn Futter geben, es zum Arbeiten anregen.

Wünsche haben ein Eigenleben. Ist ein Wunsch erst einmal in Ihrem Langzeitgedächtnis verankert, strebt er von selbst nach Verwirklichung.

Abschreiben und neu formulieren

Schreiben Sie also nicht nur immer wieder täglich ein paar Minuten Ihre zehn Ziele ab, sondern formulieren Sie sie immer weiter um, machen Sie sie konkreter. Das heißt: Beim Abschreiben dürfen Sie kreativ sein. Fällt Ihnen zu einem Ziel etwas Neues ein, nehmen Sie es in die Formulierung auf. Sie werden merken: Mit jedem neuen Abschreiben verändern sich Ihre Formulierungen. Ihre Ziele verwandeln sich unter Ihren Augen in konkrete Handlungsanleitungen.

Schritt 5: Machen Sie sich ein Bild von Ihren Zielen

Am besten legen Sie sich nun einen dicken Ordner zu, um Ihre Unterlagen zu sammeln. Wenn Sie vier Wochen Ihre Ziele täglich abgeschrieben haben, müßten Sie etwa 30 Seiten gesammelt haben. Niemand außer Ihnen sollte diese Unterlagen zu Gesicht bekommen. Das ist sehr wichtig, denn die meisten Mitmenschen machen sich über unsere Ziele lustig, und wenn sie etwas dazu sagen, neigen sie eher dazu zu kritisieren, anstatt zu ermuntern.

Geheimhaltung schützt auch vor Blamagen. Wenn etwas mal nicht klappt, ist das nicht schlimm, solange niemand außer Ihnen etwas davon weiß. Also erzählen Sie nichts. Und wenn Sie ein Ziel erreicht haben, sehen die anderen allein das Ergebnis und können nur noch den Hut vor Ihnen ziehen.

Die geheimnisvolle Kraft der Bilder

Suchen Sie mal ein paar Zeitschriften durch, die Sie in die Finger bekommen. Fahnden Sie nach Bildmotiven, von denen Sie sich in Bezug auf Ihre Ziele besonders angesprochen fühlen, nach Bildern, die eine hohe Symbolkraft besitzen.

Was die Werbeindustrie kann, können Sie auch! Gehen Sie auf die Suche nach symbolträchtigen Bildern.

Hier geht es vor allem darum, über die bisherigen Kraftquellen in Ihrem Gehirn, die vor allem die linke Gehirnhälfte betrafen, auch innerhalb der rechten Hemisphäre Aktivitäten auszulösen. Nutzen Sie die geheimnisvollen Kräfte, die in Bildern versteckt sein können. Werbepsychologen haben nicht umsonst bestimmte Motive herausgearbeitet, die allgemeine Wünsche und Träume repräsentieren und die bei uns verborgene Motivationen anzusprechen in der Lage sind.

Nur Mut zur Phantasie!
Im Bereich »Gesundheit« können das etwa Ihre Lieblingssportler oder -sportarten sein, aber auch andere Motive, die Gesundheit und Lebenslust ausdrücken können. Eine gesunde Ernährung läßt sich z. B. mit Frühstücksbildern à la Margarinewerbung assoziieren oder mit Bildern, die einen schönen, gut ausgebildeten Körper zeigen.

Symbolkräftige Bilder
Nehmen wir einmal das zweite Ziel aus unserer Liste: Die erwünschten 1000 DM Verdienst könnte man mit dem Bild eines Tausendmarkscheins gut darstellen. Aber so ein Bild hätte nicht viel Symbolkraft. Besser wäre es da schon, sich einmal die Reklamefotos einiger Werbeträger anzusehen.
Die Werbepsychologie nutzt die Wirkung von Bildern, die das Unbewußte ansprechen, um ihre Verkaufsbotschaft an den Mann oder die Frau zu bringen. Warum machen Sie sich diese Erkenntnisse nicht auch zunutze? Sehen Sie sich einmal die Reklame der Zigarettenindustrie an. Womit werben die eigentlich? Mit Cowboys, Abenteuer, harten Männern und riskanten Ralleys. Mit Natur, Männlichkeit, Tieren, bloß nicht mit Zigaretten.
Suchen Sie sich für jedes Ihrer Ziele ein Bild, das Sie persönlich anspricht und von dem Sie, nur Sie wissen, daß es Ihr Ziel symbolisiert. Das braucht gar nichts direkt mit Ihrem Ziel zu tun zu haben. Hauptsache, es wirkt auf Sie und erinnert Sie an Ihre Vorsätze.

Bilder fürs Unterbewußtsein
Solche Bilder können Sie dann überall plazieren – am besten in Ihrem Zieleordner, um dadurch und über Ihr Unterbewußtsein an

Ihr Ziel erinnert zu werden. Und niemand merkt etwas davon! Nun haben Sie nicht nur die linke, logisch denkende Seite Ihres Gehirns angesprochen und angeregt, sondern über die Bilder auch die rechte, intuitiv arbeitende Seite aktiviert, sich an der Arbeit an Ihren Zielen zu beteiligen. Nun fängt Ihr Gehirn an, sich selbständig, auch ohne direkte Einwirkung durch Ihr Bewußtsein, mit den Zielen zu beschäftigen.

Die Werbung macht es uns vor: Symbolträchtige Bilder wirken, auch wenn sie auf den ersten Blick wenig mit dem Produkt, um das es geht, zu tun haben.

Schritt 6: So bearbeiten Sie Ihre Ziele weiter

Das Geheimnis des Erfolgs besteht in nichts anderem als der regelmäßigen Beschäftigung mit Ihren Zielen. Im Grunde genommen brauchen Sie nichts anderes zu machen, als Ihr Gehirn öfter mal mit neuen Informationen zu versorgen. Der nächste Schritt besteht deshalb darin, sich weitere Informationen zu den Zielen zugänglich zu machen.

Zwei weitere wichtige Schritte auf dem Weg zur Verwirklichung Ihrer Ziele: Machen Sie ein Brainstorming für die Informationssammlung ...

● Nehmen Sie sich Ihre Liste vor, sehen Sie sich die Bilder an. Dann entspannen Sie sich kurz (s. Kapitel »Ruhig und gelassen«) und schließen die Augen. Nun lassen Sie jeden Wunsch, jedes Ziel noch einmal vor Ihrem geistigen Auge entstehen und denken darüber nach. Was brauchen Sie zur Verwirklichung Ihrer Ziele bei den einzelnen Posten?

● Schreiben Sie oben auf eine neue Seite Ihr Ziel, etwa so: »Ich wünsche mir ein eigenes Haus.«

● Darunter notieren Sie jeweils mit einem Gedankenstrich zu Beginn alles, was Ihnen nun zu Ihrem Ziel und seiner Verwirklichung einfällt. Etwa:

- ● Finanzen?
- ● Größe?
- ● Versicherungen?
- ● Kosten?
- ● Eigenkapital?
- ● Eigenleistungen?

Wenn Ihnen zu einem Ziel nichts mehr einfällt, fangen Sie eine neue Seite an, nehmen Sie ein weiteres Ziel aus Ihrer Liste, und beginnen Sie von vorn. Mehr als eine halbe Stunde sollten Sie aber pro Tag nicht an Ihren Zielen arbeiten. Das reicht völlig aus.

Wenn sich Ihr Wunsch selbständig macht
Wenn Sie auf diese Weise die ersten Denkanstöße haben, werden Sie nach ein paar Tagen feststellen, daß Sie auch tagsüber während ruhiger Phasen über Ihre Ziele nachdenken. Sie beginnen Besitz von Ihnen zu ergreifen. Lassen Sie es geschehen. Nutzen Sie vor allem Pausen oder Wartephasen, um sich produktiv denkend Ihren Zielen zuzuwenden.

Schritt 7: Arbeiten Sie konkrete Pläne für Ihre Ziele aus

Aus den allgemeinen Ideen und Anregungen erstellen Sie nun, für jedes Ziel einzeln, einen genauen Plan, was Sie eigentlich alles machen müßten, wenn Sie dieses Ziel wirklich erreichen wollen. Arbeiten Sie konkrete Vorgaben aus.

Achtung:
Sie befinden Sich nun kurz vor der Erreichung der Ziele. Jetzt kommt eventuell Arbeit auf Sie zu. Überlegen Sie nun, welches Ihrer Ziele Sie tatsächlich verwirklichen wollen.

Beginnen Sie nun damit, die allgemeinen Stichwörter und Ideen zu Ihren einzelnen Zielen konkreter zu machen. Für jedes Ziel auf einem Extrablatt. Das könnte dann so aussehen:

Beispiel für eine konkrete Zieleseite
An den oberen Rand links schreiben Sie das Datum, darunter das einzelne Ziel, z. B.: »Ich möchte ein eigenes Haus besitzen.« Dann formulieren Sie konkrete Vorbereitungsschritte:

- Wie groß soll mein Haus sein?
- Wie sieht es mit einem Grundstück aus?
- Wie wird es finanziert werden?
- Was sagt meine Bank dazu?
- usw.

... und gehen Sie dann dazu über, konkrete Vorbereitungsschritte zu formulieren. Sie sehen: Ihr Wunsch beginnt zum Plan zu werden.

Jede dieser Fragen, die natürlich bei Ihnen auch ganz anders lauten können, zieht gewisse Überlegungen und Entscheidungen nach sich. Diese sollten schriftlich festgehalten werden.

Sie werden aktiv
Wenn Sie soweit fortgeschritten sind, werden Sie feststellen, daß Ihre Aktivitäten in bezug auf Ihr Ziel wachsen, ohne das Sie es als Arbeitsbelastung empfinden. Nach ein paar Wochen können Sie erstaunt feststellen, daß Sie schon vieles auf den Weg gebracht haben, obwohl Sie eigentlich noch bei der Planung sind.

Materielle und soziale Ziele
An dieser Stelle ist es wichtig, einmal auf den grundsätzlichen Unterschied zwischen materiellen und nichtmateriellen sozialen Zielen hinzuweisen. Es gibt dabei ein paar Dinge zu beachten, damit man nicht zu viele Fehler macht.

Bei der Aufstellung der ersten Zielelisten hatten wir neben materiellen Zielen, wie mehr Geld oder einem Haus, auch andere Ziele, die sich auf unsere sozialen Kontakte beziehen, formuliert. Die Bearbeitung nichtmaterieller Ziele (zum Beispiel die Verbesserung des Verhältnisses zum Partner oder zu den Kindern) ist naturgemäß schwieriger als die Bearbeitung der anderen. Sie dauert in der Regel auch viel länger.

Viel schwieriger

Ein Haus oder ein Auto oder einen anderen Gegenstand, den man mit Geld bezahlen kann, können Sie, wenn Sie es richtig anstellen, in der Regel sehr schnell erreichen. Die Arbeit an persönlichen Beziehungen bedarf einer etwas anderen Vorgehensweise.

Das allgemeine Ziel lautete am Anfang vielleicht: »Ich will die Beziehung zu meinem Lebenspartner verbessern.« Bei der konkreteren Formulierung wird es dann schwierig: Wie soll diese Verbesserung aussehen? Was will ich konkret verändert haben?

Ursachenforschung ist wichtig

An solchen Stellen müssen wir aufpassen, daß wir nicht über das Ziel hinausschießen und unseren Partner zu manipulieren versuchen. Denn hier gilt natürlich immer noch, was schon bei den Überlegungen zur Selbstheilung formuliert wurde, daß wir nämlich nur uns selbst verändern können und keinen anderen Menschen.

Nehmen wir einmal an, Sie ärgern sich darüber, daß Sie nicht mehr so viel gemeinsam unternehmen wie früher. Und Ihr Ziel wäre es, wieder mehr miteinander zu tun. Dann kommt es natürlich auch darauf an herauszufinden, wie es dazu kam: Die möglichen Ursachen für eine solche Entwicklung dürfen nicht ignoriert werden.

Zwischenmenschliche Probleme sind sehr viel schwieriger zu lösen, als materielle Wünsche zu erfüllen sind. Hier steht die Ursachenforschung im Vordergrund.

> **Fragen, die bei der Bearbeitung sozialer Ziele weiterhelfen:**
> ● Wie sah meine Beziehung früher aus?
> ● Was fand ich damals gut daran?
> ● Wie sieht sie heute aus?
> ● Was stört mich daran? Was möchte ich ändern?
> ● Was genau wünsche ich mir?

Schritt 8: Setzen Sie Ihre Pläne in die Tat um

Noch einmal zurück zum Hausbaubeispiel: Wir hatten im siebten Schritt einige Fragen aufgestellt, die uns unser Ziel etwas konkreter vor Augen führen und uns weiter bringen sollten. Dabei ging es um Größe, Ausstattung, Grundstück, Finanzierung, Bauen, Kaufen, Platzwahl, monatliche Raten für die Finanzierung, etc.
Bei diesen Punkten befanden wir uns ja immer noch auf der Stufe theoretischer Überlegungen. Nun kommt es darauf an, diese Überlegungen in die Praxis umzusetzen. Dabei passieren in der Regel zwei Dinge:

- Sie sind schon längst aktiv geworden und haben schon einiges unternommen, ohne daß Ihnen Ihre Aktivität richtig bewußt geworden ist.
- Viele der aufgestellten Probleme lösen sich jetzt fast ohne Ihr Zutun.

Die regelmäßige Beschäftigung mit der Zieleliste führt dazu, daß unser Gehirn nach einiger Zeit, wenn wir unsere Aufgaben täglich ein paar Minuten lang machen, ständig aktiv ist, auch dann, wenn wir es nicht merken. Es produziert Lösungen, ohne daß wir es dazu auffordern müßten.
Ihre Aufgabe ist es nun, den verbleibenden Rest von nötigen Aktivitäten in Ihren Alltag einzubauen, damit er auch umgesetzt wird. Das sollte Ihnen in diesem Stadium nicht mehr allzu schwer fallen.

Schritt 9: Machen Sie eine Erfolgskontrolle

Nach einiger Zeit sollten Sie Ihre bisherigen Schritte einer Kontrolle unterziehen. Das ist sehr wichtig, denn vieles von dem was ich hier vorgestellt habe, machen viele intuitiv richtig, vergessen aber dabei, ihre Aktionen einer Nachkontrolle zu unterziehen und aus dieser dann Korrekturen zu entwickeln und Fehlentwicklungen auszugleichen.
In diesem Schritt steckt noch eine Menge Potential, das bei einer rein intuitiven Vorgehensweise und in der Freude über erste Teilerfolge oft vergessen wird.

Wenn sich der Erfolg zeigt: Vergessen Sie im ersten Überschwang nicht, eine Kontrolle der bisherigen Schritte und ihrer Ergebnisse durchzuführen.

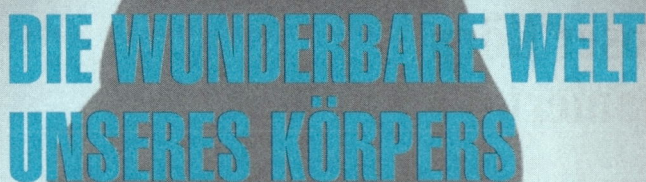

DIE WUNDERBARE WELT UNSERES KÖRPERS

Unser Körper ist eine wunderbare Welt, eine riesige, komplexe und vor allem lebendige Fabrik, in der alle Organsysteme eine bestimmte Aufgabe erfüllen. Krank sein heißt, daß etwas in diesem komplexen System aus dem Gleichgewicht geraten ist. Lesen Sie, wie Sie Ihren Körper bei der Krankheitsabwehr unterstützen können.

Wie unser Körper funktioniert

Wir sind keine Maschinen

Unser Körper wird oft mit einer Maschine und ihren einzelnen Teilen verglichen. Aber dieser Vergleich wird ihm nur bedingt gerecht. Die meisten Maschinen oder Motoren sind im Vergleich mit unserem Organismus ganz einfache Mechanismen. Denn im Gegensatz zu einer Maschine, so kompliziert sie auch sein mag, kann unser Organismus sich selbst steuern.

Betriebsstörungen sind meist kein Problem

Wenn zum Beispiel bei einem Auto das Benzin alle ist, bleibt es stehen. Wenn wir dagegen einige Tage nichts essen, versucht unser Körper damit zurechtzukommen, indem er auf Reserven zurückgreift und seine Systeme auf Sparflamme weiterlaufen läßt.

Verletzen wir uns, kann unser Körper sich selbst reparieren, indem er die Wunden verschließt und sie zuheilen läßt. Was auch passieren mag, unser Organismus versucht, sich selbst zu helfen. Dazu ist keine noch so gut erdachte Maschine in der Lage.

Der wichtigste Unterschied besteht darin, daß wir denken, fühlen und handeln können, ohne daß uns jemand sagt, was wir tun sollen. Wir sind in der Lage, unterschiedliche Informationen selbständig zu verarbeiten und zu lernen.

Zwei Systeme halten das Leben aufrecht

Wir verfügen über zwei voneinander unabhängige Systeme, die uns helfen, in (fast) jeder Umwelt zu überleben:

- Wir haben ein Bewußtsein, das denken, fühlen und handeln kann.
- Wir verfügen über ein Steuersystem für unseren Organismus, das sogenannte »vegetative Nervensystem«, das alle unsere Körperfunktionen auch ohne unsere aktive Einflußnahme aufrechterhalten kann. So brauchen wir nicht ständig

Ein selbstregulierendes System: Kein noch so ausgeklügelter Mechanismus kann sich, wie unser Körper, selbst reparieren oder bei Treibstoffmangel seinen Bedarf reduzieren.

101

zu denken: »Herz schlage« oder »Lunge atme«. Diese Lebensfunktionen hält das vegetative Nervensystem selbständig aufrecht.

Sind aus irgendeinem Grund diese beiden Körpersysteme aus dem Gleichgewicht geraten, kann es sein, daß ihre Fähigkeit zur Selbstregulation zusammenbricht und sie Hilfe brauchen.
Lange Zeit glaubte man, weil diese Systeme unabhängig und ohne unser Zutun arbeiten können, wären sie auch nicht zu beeinflussen. Neue wissenschaftliche Erkenntnisse bewiesen jedoch, daß unser vegetatives Nervensystem sehr wohl zu beeinflussen ist – und zwar in negativer Hinsicht, nämlich dann, wenn Umwelteinflüsse seine

Obwohl er zu Höchstleistungen fähig ist, ist unser Körper keine Maschine. Auf Stimmungen oder Überlastung reagiert er flexibel, aber auch empfindlich.

ordnungsgemäßen Funktionen beeinträchtigen oder in positiver Hinsicht, wenn wir genau diese Einflüsse von uns fernhalten oder unserem Körper helfen, besser mit ihnen fertig zu werden.

Gesundheit heißt Gleichgewicht

»In einem gesunden Körper wohnt ein gesunder Geist« lautet ein bekanntes Sprichwort. Nach neuesten Erkenntnissen der verschiedensten Wissenschaften kristallisiert sich jedoch heraus: Durch einen gesunden Geist kann man seinen Körper gesund halten!

Was ist Krankheit?

Die meisten aller heute bekannten Krankheiten lassen sich durch den seelischen Zustand einer Person entweder auslösen, verhindern oder zumindest beeinflussen. Der Zustand Ihres Seelenlebens, oder anders ausgedrückt, Ihrer Psyche, bestimmt letztlich darüber, ob Sie gesund bleiben oder krank werden.

Krankheit ist vermeidbar

Bei genauerer Betrachtung des einzelnen Schnupfens oder der einzelnen Grippe zeigt sich oft, daß der Patient in der Zeit vor dem Ausbruch der Krankheit erhöhtem Streß ausgesetzt war.

Auch bei den bekannten Volksseuchen des zwanzigsten Jahrhunderts wie den Herz- und Kreislauferkrankungen, handelt es sich in der Regel um verhaltensbedingte Beschwerden. Ein Herzinfarkt ist bei weitem keine Schicksalskrankheit, die einen aus heiterem Himmel überfällt. Ihm gehen in der Regel Fehlverhaltensweisen voraus, bei deren Vermeidung der Infarkt hätte verhindert werden können – wenn die Bereitschaft dazu ebenso existiert hätte wie die nötigen Vorkenntnisse.

> **Die meisten Krankheiten haben ihre Hauptursache in irgendeiner Form von erhöhtem Streß. Das zeigt sich auch bei Epidemien, die nicht aus heiterem Himmel kommen, sondern vorwiegend Menschen befallen, deren Immunsystem geschwächt ist.**

Vor allem gilt:
Wer seine Psyche in Ordnung hält, auf regelmäßige Entspannung achtet und ausgeglichen ist, kann mit einem funktionsfähigen Immunsystem sogar das Wachstum von Krebszellen einschränken oder verhindern.

Krank durch Belastung?

Schadstoffe in der Umwelt

Der moderne Mensch ist einer Vielzahl von Belastungen ausgesetzt. Tag für Tag hören, sehen und riechen wir, daß unsere Umwelt immer mehr durch Substanzen vergiftet wird, die für unsere Gesundheit schädlich sind.

Die Zunahme von Atemwegserkrankungen, wie zum Beispiel dem Asthma bronchiale, in Industriegesellschaften weist auf einen engen Zusammenhang zwischen Schadstoffimmissionen und bestimmten Krankheitsbildern hin, zu denen auch der Lungenkrebs gehört.

Nicht die Schadstoffe allein machen uns krank
Aber so einfach ist die Sache nicht, obwohl dieser Zusammenhang einleuchtend erscheint. Wir leben alle unter den gleichen Bedingungen in unserer Umwelt, aber wir bekommen längst nicht alle Asthma oder Lungenkrebs.

Jede Krankheit hat mehrere Ursachen
Umgekehrt garantiert eine saubere Umwelt nicht, daß man nicht an asthmatischen Leiden oder an Krebs erkrankt. So sind die Erkrankungsraten in Ländern, deren Industrialisierung noch nicht so weit fortgeschritten ist, zwar niedriger, aber auch hier gibt es Menschen, die an Asthma bronchiale erkranken. Ähnliches gilt für Nichtraucher. Auch sie können, ohne jemals eine Zigarette geraucht zu haben, ein Lungenkarzinom bekommen.
Nicht einer, sondern mehrere Faktoren sind für den Ausbruch einer Krankheit ursächlich verantwortlich. Schadstoffe allein reichen nicht aus, um eine Erkrankung zwangsläufig auftreten zu lassen. Es müssen noch andere Bedingungen hinzukommen.

Der komplexe Organismus – Risiko und Chance
Lange Zeit mühte sich die Medizin, für jede Krankheit eine isolierbare Ursache zu suchen und mit einer Behandlung darauf zu reagieren. Inzwischen weiß man, daß der menschliche Organismus viel zu komplex ist, als daß man bestimmte Krankheiten auf diese Weise auch nur annähernd beschreiben oder gar behandeln könnte. Diese Komplexität macht aber, wie Sie sehen werden, die Behandlung von Krankheiten nicht unbedingt schwieriger, sondern bietet auch eine ganze Reihe von Möglichkeiten zur Therapie.

Der moderne Mensch ist neben den Schadstoffen noch anderen Belastungen unterworfen. Hier steht an erster Stelle Streß, der Unbehagen, Mißstimmungen oder Erkrankungen auslösen kann. Allerdings erklärt auch das Vorhandensein von Stressoren allein

Umwelteinflüsse stellen eine enorme Belastung für den Organismus dar. Von Ihnen allein allerdings wird er nicht krank – ein geschwächtes Immunsystem oder eine angeknackste Psyche muß dazukommen.

nicht, warum der eine darunter leidet und krank wird, der andere nicht. Hier muß noch nach anderen Faktoren gesucht werden. Und dazu wenden wir uns einmal der entscheidenden Belastungsquelle zu, dem Menschen selbst und hier zunächst seinem Erbmaterial, das ein wichtiger Faktor bei der Entstehung und der Verhinderung von Krankheiten sein kann.

Die Macht der Gene

Jeder menschliche Zellkern und damit auch das Sperma und die weibliche Eizelle, ist vollgestopft mit Erbinformationen, die in der chemischen Struktur der sogenannten DNS (Desoxyribonukleinsäure) gespeichert sind. Diese Erbinformationen werden zu Gruppen von Genen (Erbeigenschaften) zusammengefaßt und in einer fadenähnlichen Struktur, den Chromosomen, aneinandergereiht. Jedes Chromosom besitzt Tausende von Genen, die jeweils den Bau einer spezifischen Eiweißstruktur codieren (bestimmen).
Fast alle Körperzellen enthalten 46 Chromosomen, die in 23 Chromosomenpaaren angeordnet sind. Von den Paaren stammt jeweils ein Chromosom von der Mutter und eines vom Vater.

In unseren Genen ist eine ungeheure Vielzahl von Informationen gespeichert. Der besondere Clou ist, daß immer nur die eine Hälfte von einem Chromosomenpaar vererbt wird. So entstehen immer neue Merkmalskombinationen.

Am Anfang steht die Erbinformation

Jeder Mensch erhält also von einem Elternteil nur einen halben Chromosomensatz. Das bedeutet im Klartext: Nur die Hälfte der vorhandenen Erbinformation wird auch vererbt! Erst durch die Verschmelzung der beiden halben Chromosomensätze erhält der junge Erdenbürger wieder einen kompletten Satz mit 46 Chromosomen.
Die zufällige Anordnung der Chromosomenpaare im Lauf der Zellteilung und der Austausch von Erbinformation ist dafür verantwortlich, daß wir eben nicht genau unseren Eltern gleichen, sondern jeweils einen einzigartigen und einmaligen Chromosomensatz aufweisen.

Anpassung durch Evolution

Diese Einrichtung der Natur gewährleistet auf der einen Seite ständig neue Chromosomensätze, so daß sich auch neue Kombinationen daraus ergeben und dieses Erbmaterial sich mit seiner Umwelt

105

neu auseinandersetzen kann. Sie gewährleistet durch die Weitergabe aller notwendigen Basisinformationen auch, daß sich nicht jeder Mensch wieder ganz neu mit der Welt, die ihn umgibt, auseinandersetzen muß, sondern auf einen Teil der Erbinformationen seiner Vorfahren aufbauen kann.

Nur auf diese Weise findet Evolution, die ständige Weiterentwicklung des Menschen, seine immer neue Anpassung an die Umwelt statt. Unser auf die oben beschriebene Art und Weise zusammengewürfeltes Erbgut schafft die Voraussetzung für das Überleben in jeder Situation. So konnten Menschen Klimaveränderungen trotzen und ihr fehlendes Fell durch selbsterfundene Bekleidung ersetzen. So konnten sie ihre mangelnde Stärke durch Intelligenz ausgleichen und bis heute für das Überleben ihrer Art sorgen.

So wichtig die Informationen aus den Chromosomen für den Menschen auch sind: Krankheiten, die nur auf Vererbung zurückzuführen sind, kommen sehr selten vor.

Nur wenig vererbte Krankheiten

Wir sind keinesfalls Sklaven unserer Gene. Auch wenn das Vorhandensein einer bestimmten Erkrankung bei einem oder beiden Elternteilen für uns bedeutet, daß wir mit einer größeren Wahrscheinlichkeit des Auftretens auch bei uns rechnen müssen, so heißt das eben noch lange nicht, daß diese Krankheit auch bei uns auftritt. Außerdem: Ein Merkmal allein kann normalerweise keine Krankheit auslösen. Es müssen noch andere Merkmale hinzukommen. (Ausnahme von der Regel sind sogenannte Chromosomendefekte wie zum Beispiel beim Mongolismus.)

Es gibt gerade bei den großen Volkskrankheiten, wie Herz-Kreislauf-Erkrankungen, Alkoholismus und Krebs, eine ganze Reihe von Schutzfaktoren, die verhindern können, daß wir eine dieser Krankheiten bekommen.

Hilfe aus dem Kopf

Wirkungsvolle Hilfe kann nur aus Ihrem Kopf kommen, denn dort befindet sich die Steuerzentrale für alle Systeme. Hier laufen die ein- und ausgehenden Informationen zusammen, werden verarbeitet und weitergeleitet. Auch die folgenden Informationen, neueste Erkenntnisse aus der Psychoneuroimmunologie, die Sie nun beim

Lesen aufnehmen, werden dort verarbeitet und mit Ihren vorhandenen Kenntnissen verglichen. Mit diesen Erkenntnissen können Sie Ihre Körpersysteme bei der Arbeit unterstützen und ein eventuelles Ungleichgewicht wieder ins Lot bringen.

Krank und gesund – kein Gegensatz

Wir leben in einer Welt, in der es immer schwieriger zu sein scheint, gesund zu bleiben. Aber das ist ein Trugschluß. In Wirklichkeit ist es gar nicht so schwierig, wenn man einige fundamentale Wahrheiten anerkennt:

- Die meisten Zivilisationskrankheiten sind sogenannte »verhaltensbedingte Erkrankungen«.
- Mit einfachen Mitteln lassen sich viele Zivilisationskrankheiten verhindern.
- Krankheiten sind Signale unseres Körpers, mit denen er uns auf notwendige Änderungen unserer Lebensweise aufmerksam machen will.

Was sind verhaltensbedingte Krankheiten?

Unter »verhaltensbedingten Krankheiten« werden in diesem Buch alle Krankheiten verstanden, die sich durch eine Änderung des persönlichen Verhaltens vermeiden, reduzieren oder gar ganz verhindern lassen. Sehen wir uns hierzu eine Hitliste der Krankheiten an: An erster Stelle stehen die Kreislauferkrankungen, ihnen folgen die malignen (bösartigen) Krebserkrankungen, an dritter Stelle stehen Erkrankungen der Atmungs- und der Verdauungsorgane.

Der Herzinfarkt führt die Liste der häufigsten Todesfälle an. Wenn wir uns aber die Risikofaktoren eines Infarkts ansehen, wird schnell deutlich, was mit »verhaltensbedingt« gemeint ist. An erster Stelle der Krankmacherliste stehen Stressoren wie Überarbeitung und ähnliche Bedingungen, an zweiter Stelle fettreiche Ernährung, an dritter mangelnde Bewegung und an vierter das Rauchen. Erst an letzter Stelle taucht die mögliche Vererbung auf.

Fast alle Krankheiten sind, wenn man es genau betrachtet, mehr oder weniger verhaltensbedingt. Die Volksseuche Herzinfarkt etwa wäre bei einer Lebensführung mit weniger Streß und gesunder Ernährung leicht in den Griff zu kriegen.

Die schlechte Nachricht

Wer also zuviel arbeitet, sich fettreich ernährt, sich zuwenig bewegt und dabei noch raucht, der hat ein hohes Risiko, einen Infarkt zu bekommen. Kommt eine erbliche Vorbelastung dazu, dann steigt das Krankheitsrisiko rapide an.

Zwei gute Nachrichten

Vererbung allein kann nur in seltenen Fällen einen Herzinfarkt auslösen. Erst die gegenseitige Beeinflussung der verschiedenen Risikofaktoren verstärkt die Gefahr, einen Infarkt zu bekommen.

Jeder kann durch sein Verhalten etwas dafür tun, daß die Risikofaktoren weniger werden. Alle entsprechenden Veränderungen erhöhen die Chance, gesund zu bleiben. Wer weniger arbeitet, sich mehr bewegt und weniger fettreich ißt, weniger raucht und sich nicht mehr so oft aufregt, kann länger leben!

Kampf dem Krebs

Sogar den gefürchteten Krebs können Sie mit einer gesunden Lebensweise bekämpfen. Neueste Forschungen haben gerade die Bedeutung einer Ernährung mit viel Obst und Gemüse für die Krebsvorsorge bestätigt.

Aber auch bei den anderen Volkskrankheiten kann man etwas unternehmen, wie das Beispiel der Krebsentstehung in unserem Körper zeigt.

Wissenschaftler haben inzwischen herausgefunden, daß wir tagtäglich mit Krebszellen in unserem Organismus zu tun haben, aber solange es uns gut geht, wird unsere körpereigene Abwehr, das Immunsystem, damit ohne große Schwierigkeiten fertig. Erst wenn wir durch ständige Überlastung unserer Körperfunktionen und hier vor allem unseres Seelenlebens ein Ungleichgewicht geschaffen haben, kann es zu einem Zusammenbruch unseres Immunsystems und zum ungehemmten Wachstum der Krebszellen kommen.

Das Immunsystem stärken

Auch hier können Sie also etwas tun, um eine Erkrankung zu verhindern oder in ihrem Verlauf zu bremsen, indem Sie einiges an Ihrer Lebensführung verändern. Ruhige, gelassene und ausgeglichene Menschen bekommen unter normalen Bedingungen keinen Krebs. (Ausnahmen sind vor allem erblich bedingte frühe Krebserkrankungen, zum Beispiel bei Kindern. Hier überwiegen im Gegensatz zu den Krebsarten des Erwachsenenalters die genetischen Einflüsse.)

Verhaltensbedingte Krankheiten bekämpfen
Motivation stärken

Wenn Sie schon an einer der genannten Erkrankungen leiden, machen Sie sie sich bewußt. Verdrängen Sie die Auswirkungen nicht, sondern sehen Sie ihnen klar ins Auge. Erst das Bewußtsein für die Folgen hilft Ihnen, sich mit ihnen auseinanderzusetzen. Keine Angst, dadurch wird Ihre Krankheit nicht schlimmer, wie viele meinen, sondern Sie schaffen damit erst die Voraussetzung für eine Veränderung in positiver Hinsicht. Die Verdrängung der Folgen verhindert eine Veränderung, die ja nicht als notwendig erkannt wird.

Vorbeugen

Wenn Sie noch nicht erkrankt sind, können Sie durch vorbeugende Verhaltensänderungen etwas bewirken. Dazu müssen Sie aber ebenfalls eine Vorstellung von den möglichen negativen Folgen haben, die Sie vermeiden wollen.

> Sie können alles tun, um gesund zu werden oder zu bleiben, wenn Sie wissen
> - wie die gesunden Abläufe unseres Organismus im Körper aussehen
> - wie die krankhaften Abläufe unseres Organismus im Körper aussehen
> - was Sie vorbeugend oder mindernd dagegen unternehmen können

Wissen ist Macht. Lernen Sie Ihren Organismus und seine Bedürfnisse genauer kennen – und schützen Sie sich so vor verhaltensbedingten Erkrankungen.

Wenn Sie sich diese Zusammenhänge klargemacht haben, ist es gar nicht so schwer, sich gegen eine Erkrankung zu wehren. Mit Psycho-Power-Methoden, wie den in den folgenden Kapiteln beschriebenen Entspannungs- und Visualisierungstechniken, können Sie hier erfolgreich ansetzen.

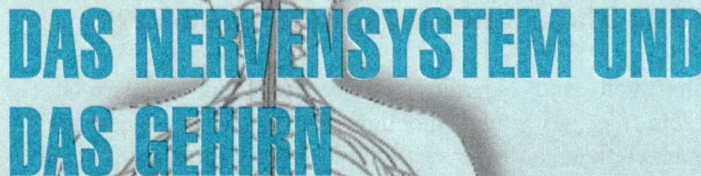

DAS NERVENSYSTEM UND DAS GEHIRN

Unser Nervensystem dient auf der einen Seite der Aufnahme und Verarbeitung von Sinneswahrnehmungen, auf der anderen Seite steuert es unsere Organfunktionen und unsere Bewegungen. Aber es kann noch viel mehr: Es erlaubt uns zu fühlen, uns zu freuen, Schmerzen und Glück zu empfinden, Gedanken zu formulieren und zu lernen. Allerdings ist ein solch komplexer Mechanismus auch sehr empfindlich.

Migräne und Spannungskopfschmerzen

Kopfschmerzen sind eigentlich keine Krankheit, sondern Beschwerden, die auf einen möglicherweise falsch ablaufenden Körperprozeß (auch auf eine seelische Störung) hinweisen können. Obwohl ihnen kein Krankheitswert zukommt, sollte doch zunächst ein Arztbesuch klären, ob sie nicht Anzeichen irgendeiner anderen organischen Erkrankung sein können.

Erscheinungsformen chronischer Kopfschmerzen

Klassische Migräne

Die klassische Migräne kündigt sich durch eine sogenannte »Aura« an. Die Patienten fühlen, daß der Migräneanfall bevorsteht. Diese Aura wird häufig von Sehstörungen begleitet, die mit Appetitlosigkeit oder Übelkeit und Erbrechen verbunden sein können.

Erst dann kommt es zu den eigentlichen Schmerzsymptomen. Sie werden häufig einseitig auf einer Schläfenseite oder über dem Auge erlebt und als »hämmernd« und pulssynchron beschrieben. Die Attacke dauert in der Regel zwischen sechs und acht Stunden, kann sich aber auch über Tage hinziehen.

Kopfschmerz ist nicht gleich Kopfschmerz. Die Palette reicht von der klassischen Migräne bis hin zu wahnhaften Schmerzformen.

Die einfache Migräne

Die sogenannte »gewöhnliche Migräne« hat keine Aura, zieht sich in der Regel über längere Zeiträume hin und ist weder in ihrem Anfang noch in ihrem Ende scharf markiert. Der Schmerz wird, im Gegensatz zur klassischen Migräne, häufig beidseitig erlebt.

Die hemiplegische Migräne

Hier handelt es sich um eine zeitweilige Ischämie (Blutleere) in einem lokalisierten Gehirn- oder Retina-(Netzhaut-)areal. Dabei können vorübergehende motorische Störungen auftreten.

Cluster-Kopfschmerzen

Hier handelt es sich um einen Kopfschmerz, der anfallsartig schnell einsetzt und meistens mit großer Intensität eine Gesichtshälfte befällt. Das herausragende Merkmal des Cluster-Kopfschmerzes: Er tritt fast immer zur gleichen Zeit, fast »fahrplanmäßig« auf.

Die Attacken dauern meisten zwei bis drei Stunden und können dann für Monate wieder verschwinden. Typische Symptome bei dieser Anfallsart sind das Zurücksinken des Augapfels, eine schmale Lidspalte und eine kleine Pupille.

Chronischer Spannungskopfschmerz

Chronische Spannungskopfschmerzen können überall am und im Kopf vorkommen. Sie äußern sich hauptsächlich als dumpfer Schmerz, der mit Muskelspannungen verschiedener Ursache einhergeht. Meistens empfinden die Patienten dabei Angst und haben depressive Gedanken. Der Schmerz wird oft als »diffus« empfunden. Es kann dabei auch zu verschiedenen Überempfindlichkeiten kommen: zum Beispiel empfinden die Betroffenen häu-

Kopfschmerzen können den Betroffenen das Leben zur Hölle machen. Meistens treten sie genau dann auf, wenn man sie am allerwenigsten brauchen kann.

fig Lärm oder Licht als zusätzliche Schmerzförderer. Befällt der Schmerz nur eine Kopfseite, treten häufig gleichzeitig Übelkeit und Erbrechen auf.

Akuter Spannungskopfschmerz

Akute Spannungskopfschmerzen treten im Gegensatz zu den chronischen Spannungskopfschmerzen nicht regelmäßig auf und sind nur selten von der gleichen Schmerzintensität. Sie steigern sich langsam und nehmen an Intensität zu. Sie dauern meistens zwei bis drei Stunden.

Kombinierter Kopfschmerz

Hier handelt es sich um verschiedene Kombinationen der einzelnen Kopfschmerzgruppen. Alle Symptome können in Kombination auftauchen. Migränesymptome und Spannungskopfschmerzsymptome vermischen sich. Eine klare Diagnose ist nicht möglich.

Konversionskopfschmerzen

Hier handelt es sich um Kopfschmerzen, denen einmal eine seelische Störung zugrunde lag, die sich im Laufe der Zeit in eine körperliche Störung verwandelte (konvergierte). Solche Kopfschmerzen werden häufig von emotionalen Prozessen überlagert und weniger als intensive Schmerzen, sondern vielmehr als diffuse Druckempfindungen wahrgenommen, die in bestimmten, belastenden Lebenssituationen auftreten können.

Sie werden oft zusammen mit »hypochondrischen Kopfschmerzen« in einem Atemzug genannt. Hypochondrische Kopfschmerzen allerdings sind eingebildete Kopfschmerzen, für die es keinerlei organische oder seelische Ursache gibt. Sie befallen in der Regel hypersensible, sehr auf die Wahrnehmung ihres Körpers fixierte Menschen.

Unter den psychisch bedingten Schmerzformen nimmt der Konversionskopfschmerz eine besondere Stellung ein. Psychische Störungen werden im Lauf der Zeit zu diffusen Druckempfindungen.

Wahnhafte Kopfschmerzen

Hierbei handelt es sich mit Sicherheit um psychogene (durch psychische Prozesse ausgelöste Schmerzen) Kopfschmerzen. Der Patient meint, durch nichtexistierende Dinge zu den Schmerzen zu kommen.

113

Bevor Sie zur Schmerztablette greifen, sollten Sie sich mit Ihren Kopfschmerzen auseinandersetzen. Sie sind meist ein Signal dafür, daß irgendetwas in Ihrer Lebensführung nicht stimmt.

Behandlung mit Medikamenten

Eine medikamentöse Behandlung mit Schmerzmitteln aus der Apotheke, wie sie häufig von den Patienten selbst vorgenommen wird, birgt verschiedene Gefahren: Es kann zum Medikamentenmißbrauch kommen, zudem wird ein wichtiges Schmerzsignal unterdrückt.

Wenn Schmerzsignale unterdrückt werden

Kopfschmerzen können als Signal verstanden werden, daß im Bereich der Lebensführung des Patienten etwas nicht stimmt, etwas aus dem Gleichgewicht geraten ist. Dieses Signal sollte man als hilfreichen Fingerzeig annehmen. Wird es durch Schmerzmittel ausgeschaltet, entfällt der Handlungsbedarf des Patienten, an den auslösenden Ursachen zu arbeiten.

Vorsicht mit Schmerzmitteln!

Die Einnahme von Schmerzmitteln sollte daher nur als vorübergehende kurzfristige Maßnahme, evtl. unter ärztlicher Aufsicht, angewandt werden. Diese Maßnahme kann nur dann sinnvoll sein, wenn zusätzlich zum Beispiel eine aufhellende Psychotherapie geplant ist, die die möglichen Ursachen in der Lebensführung des Patienten aufdecken und abstellen kann.

Selbsthilfe bei Kopfschmerzen

Entspannungsverfahren können helfen

Bei allen Kopfschmerzformen können, sofern organische Ursachen ausgeschlossen wurden, Entspannungsverfahren helfen. Bei körperlichen und seelischen Verspannungen als Ursachen finden Sie Hilfe im Kapitel »Entspannungsübungen« auf Seite 25ff. und im Kapitel »Problemlösungtraining« auf Seite 45ff.

Die körpereigene Apotheke nutzen

Bei ganz starken Kopfschmerzen kann es sehr sinnvoll sein, die körpereigene Schmerzmittelapotheke zu benutzen. Wir verfügen im Gehirn über Möglichkeiten, Opiate, genauer: Endorphine, zu produzieren, über die wir den Schmerz bzw. die Schmerzweiterleitung im Gehirn blockieren können. Am Schluß dieses Kapitels finden Sie auf Seite 128 eine Übung, mit der Sie die Endorphinproduktion Ihres Körpers steigern können.

Hilfreiche Problemanalysen

Als eine häufige Ursache für Kopfschmerzen aller möglichen Genese wurden Überforderungen in verschiedenen Lebensbereichen identifiziert. Daher kommt als ursächliche Selbsttherapie auch die Suche nach solchen Überforderungen in Betracht, wie sie in der folgenden »Problemanalyse« beschrieben ist.

Probleme mit den Nerven lösen

Wenn Sie den Verdacht haben, daß Ihre Kopfschmerzen von nervösen Störungen ausgehen könnten, wird es hilfreich sein, folgenden Fragen nachzugehen.

Der erste Schritt: Welche Einstellung haben Sie zu Nervenproblemen?

Können Sie sich denken, warum gerade Ihre Nerven oder damit zusammenhängende Bereiche auf seelische Probleme reagieren? Warum treten sie genau in dieser Situation auf? Überlegen Sie möglichst genau, was das bedeuten könnte!

Der zweite Schritt: Die genaue Problemdefinition

Überlegen Sie genau, woher Ihre Schwierigkeiten kommen könnten! Schreiben Sie sich alles darüber auf!
Was wollen Ihnen diese Symptome sagen? Was ist die Nachricht an Sie? Was sollten Sie eigentlich tun?

Die genaue Situationsanalyse

Machen Sie sich eine genaue Situationsanalyse mit Hilfe einer Selbstbeobachtung. In welchen Situationen treten die Symptome auf?

Die ungefähre Zielanalyse

Was ist eigentlich Ihr Ziel? Wo wollen Sie genau hin? Was wollen Sie erreichen?

Kopfschmerzursachen aufarbeiten: Das nebenstehende Problemlöseschema zeigt den Weg, wie Sie Ihren Schmerzursachen auf die Spur kommen und Lösungen finden.

115

Welche Konflikte bestehen zwischen Situation und Ziel?
Gibt es einen Konflikt zwischen Ihren Zielen und der Situation, in der die Schmerzen auftreten? Bringt Sie das Handeln im Sinne einer Verbesserung Ihrer Situation mit anderen Sachen in Konflikt?

Das Problem wird strukturiert
Teilen Sie Ihre Probleme in mehrere Einzelteile auf, und sehen Sie sich diese genauer an. Bleiben Sie dabei aber nicht am Symptom kleben, sondern wenden Sie sich den Ursachen zu.

Der dritte Schritt: Welche Alternativen habe ich?
Überlegen Sie genau, welche Möglichkeiten Sie haben, Ihre Situation zu verändern. Sammeln Sie diese, und schreiben Sie sie auf!

Der vierte Schritt: Ich entscheide mich für eine Lösung!
Welche Konsequenzen wird das haben?
Ich bewerte die verschiedenen Lösungen
Ich vergleiche die Lösungen untereinander

Der fünfte Schritt: Ich überprüfe später meinen Lösungsweg und die gemachten Erfahrungen
Erfolgreich oder noch einmal von vorne?

Wenn es um Zuwendung geht

Auch die sogenannten »Hypochondrischen Kopfschmerzen« sollten ernst genommen werden. Dahinter verbirgt sich oft ein Mangel an liebevoller Zuwendung.

Bei hypochondrischen Kopfschmerzen kann es durchaus sein, daß die Schmerzen eine Möglichkeit für den Kranken sind, Aufmerksamkeit und Zuwendung von der Umwelt zu erhalten.

Hier kann es hilfreich sein zu lernen, sich direkt um solche Möglichkeiten zu bemühen. Holt man sich seine Zuwendung dann direkt, verschwinden meistens hypochondrische Symptome, die nicht nur in Form von Kopfschmerzen, sondern in allen Organbereichen auftreten können.
Visualisierungsübungen, die bei Migräne und Kopfschmerzen erfolgreich eingesetzt werden können, finden Sie am Ende dieses Kapitels ab S. 119.

Störungen des vegetativen Nervensystems

Erscheinungsformen funktioneller Störungen

Unter einer funktionellen Störung versteht der Arzt eine Störung, die keinerlei organischen Befund hat. Das heißt: Der Patient kann zum Beispiel eine Herzschlagunregelmäßigkeit empfinden, die sich aber in ärztlichen Untersuchungen nicht nachweisen läßt.

Anders als bei den hypochondrischen Krankheiten handelt es sich hier aber nicht um einen eingebildeten Zustand, sondern um tatsächliche Vorgänge, die aufgrund der sensiblen Interpretation des Patienten zustande kommen können und die aufgrund von Fehleinschätzungen der Körperabläufe auch zu panikartigen Angstattacken führen können – was bis zur Krankenhauseinlieferung durch den Notarzt führen kann.

Angst macht krank

Ursache einer solchen Fehlinterpretation kann z.B. ein Zucken in der linken Körperhälfte sein, die als Fehlfunktion des Herzschlags gedeutet wird, damit aber gar nichts zu tun haben muß. Die entstehende Angst (»Ich kriege einen Herzinfarkt!«) kann aber zu einer tatsächlichen Beschleunigung des Herzschlages führen, die wiederum die so entstandenen Ängste verstärken kann. Ein Teufelskreis, aus dem sich oft nur schwer ausbrechen läßt.

> Funktionelle Störungen werden heute auch unter dem Begriff der »Psychosomatosen« zusammengefaßt, womit die psychische Verursachung organischer Beschwerden gemeint ist. Es wird vermutet, daß die Patienten einen grundlegenden Konflikt in ihrer Umwelt nicht lösen konnten und ihn unbewußt auf ein Organ »verschoben« haben.

So wie Sie mit Entspannungsübungen Ihre Körperfunktionen positiv beeinflussen können, können negative Einflüsse wie Angst das vegetative Nervensystem durcheinanderbringen.

Selbsthilfe bei vegetativen oder funktionellen Störungen

In vielen Fällen hat sich gezeigt, daß die Aufmerksamkeit der Patienten eher auf den eigenen Körper gerichtet ist, als auf die auslösenden Konflikte in ihrer Umwelt. Für den Betroffenen kann es daher sinnvoll sein, sich zunächst mit einer Selbstbeobachtung zu befassen, um herauszufinden, in welchen Situationen sie auftreten. Dabei können wichtige Informationen über die Konfliktverarbeitung des einzelnen gewonnen werden, die wiederum den Ausgangspunkt für weitere Beschäftigung mit den tatsächlichen Auslösern bieten können.

> Den Auslösern wendet man sich mit einer Problemanalyse zu (Siehe hierzu Seite 45ff). Bei mehr als der Hälfte aller Patienten reduziert sich dabei die Störung.

Medikamente bei vegetativen Störungen?

Medikamente bilden bei vegetativen Störungen eine doppelte Gefahr. Sie unterdrücken wichtige Körpersignale und können überdies süchtig machen.

Die Behandlung mit Beruhigungsmitteln schafft nur das Warnsignal, die vegetative Störung, ab. Damit entfällt die Notwendigkeit, sich mit den Auslösern zu beschäftigen. Außerdem besteht bei vielen Medikamenten auch noch die Gefahr einer körperlichen und/oder psychischen Abhängigkeit. Auch bei nicht abhängig machenden Mitteln besteht die Gefahr, bei Schwierigkeiten nicht mit eigenen Lösungen, sondern mit dem Griff nach Tranquilizern zu reagieren und so eigene Aktivitäten zu umgehen, obwohl sie nötig wären.

Entspannungsmethoden – falsch eingesetzt

Die gleiche Gefahr gilt aber auch bei falsch eingesetzten Entspannungsmethoden. Auch sie können zur Unterdrückung des körperlich-seelischen Warnsymptoms verwendet werden und damit eigene Aktivitäten verhindern. Besser ist es, Entspannungsverfahren nur zur Bewältigung der stärksten Angstepisoden zu verwenden und gleichzeitig daran zu arbeiten, die Auslöser dieser Störung herauszufinden und zu beseitigen.

> Die Kombination von Entspannungsverfahren wie dem Muskelrelaxationsprogramm (siehe Seite 37ff.) mit einem Problemlösetraining (siehe Seite 45ff.) bietet die größtmögliche Gewähr dafür, daß Sie Ihre funktionellen Störungen in Selbsthilfe erfolgreich angehen.

Visualisierungsübungen bei Kopfschmerzen und Migräne

Bei den sogenannten Spannungskopfschmerzen und bei der Migräne gibt es unterschiedliche Meinungen zur Entstehung dieser Erkrankungen. Die folgenden Übungen gehen von den allgemein akzeptierten Ursachen aus.

Jede der Übungen ist differenziert so einzusetzen, daß jeder selbst ausprobieren kann, welche der auslösenden Ursachen er mit einer Visualisierung angehen will.

Tips

- Suchen Sie sich einen ruhigen Platz. Sorgen Sie dafür, daß Sie ungestört sind.

- Entspannen Sie sich erst, bevor Sie üben. Lesen Sie eventuell die entsprechenden Seiten über das Entspannungstraining noch einmal durch.

- Folgen Sie auf jeden Fall der Übungsstruktur. Sie können zwar Ihre eigenen Vorstellungen nehmen, aber den ungefähren Übungsablauf sollten Sie einhalten, wenn Sie Erfolg haben wollen.

- Am besten üben Sie die Visualisierungen etwa dreimal pro Tag ein paar Minuten lang. Am Anfang sollten Sie möglichst die Langversionen der Übungen trainieren. Erst wenn Sie den richtigen Übungsablauf beherrschen, können Sie die Übungen verkürzen. Aber achten Sie dabei darauf, daß Sie nicht aus Versehen wichtige Übungsteile weglassen, die den Kern der Übung ausmachen. Was verkürzt werden kann und wie man das macht, erfahren Sie weiter unten in diesem Kapitel.

- Damit eine Visualisierung sich positiv auf Ihren Gesundheitszustand auswirken kann, braucht es in den meisten Fällen nur wenige Übungseinheiten. Trotzdem kann es vorkommen, daß gerade bei schweren chronischen Erkrankungen über einen längeren Zeitraum kontinuierlich geübt werden muß, wenn man den schnellen Behandlungserfolg auch langfristig stabilisieren will. Die einfache Formel dazu

Bei Visualisierungsübungen gegen Kopfschmerzen und Migräne doppelt wichtig: Erst entspannen, dann visualisieren!

lautet: Je stärker die Symptome sind, desto länger sollte geübt werden.

Im folgenden finden Sie eine Visualisierung zur Entspannung der Muskulatur im HWS-Bereich (Halswirbelsäule), die bei fast allen Arten von Spannungskopfschmerzen und Migräne helfen kann, da die Verkrampfung der Muskulatur in diesem Bereich die Durchblutung stört und damit ursächlich für die Schmerzen im Kopf sein kann. Durch die nächste Übung wird die Gesichtsmuskulatur und damit deren Durchblutung, die bei Kopfschmerzpatienten häufig reduziert ist (Blässe im Gesicht!) gestärkt. Die letzten beiden Übungen beziehen sich auf die Durchblutung der Arterien im Kopf und Gehirnbereich.

Suchen Sie nach den Ursachen

Verschiedene Übungen packen die Ursache Ihrer Kopfschmerzen an der Wurzel. Dafür sollten Sie aber deren Ursache möglichst genau erforschen!

Durch vorsichtiges Ausprobieren können Sie selbst herausfinden, welcher Mechanismus für Ihre Schmerzattacken verantwortlich ist und vor allem, wie Sie ihm mit der richtigen Übung zu Leibe rücken können. Aber neben den einzelnen Übungen können Sie noch eine ganze Menge tun, um die Schmerzen auf andere Art zu reduzieren. Das meiste davon ist jedoch mit einer Abkehr von alten Verhaltensweisen verbunden. Doch das dürfte Ihnen gar nicht so schwer fallen, denn das, was Sie bisher versuchten, hat die Schmerzen doch nicht beseitigt, oder?

Gezielte und vorsichtige Aktivität hilft Kopfschmerzen verringern

Die meisten verhaltensmedizinischen Experten sind sich einig darüber, daß viele Patienten mit ihrem passiven Rückzugsverhalten bei Kopfschmerzen und Migräneanfällen die Krankheit eher fördern, als sie zu vermindern.

Visualisierung zur Entspannung im HWS-Bereich

Bei den meisten Kopfschmerzpatienten ist die Muskulatur im Halswirbelsäulenbereich verkrampft. Daher bietet sich hier eine mit Entspannung und Gymnastik kombinierte Visualisierung an, die Ihnen helfen kann, diesen Bereich zu entkrampfen und zu entspannen.

Achtung

Im Gegensatz zu den meisten anderen Übungen, die man auch im Liegen durchführen kann, ist diese nur im Sitzen durchzuführen. Damit der ganze Übungsteil durchführbar ist, sollten Sie sich einen Hocker ohne Rückenlehne nehmen oder auf einem Stuhl so weit vorne sitzen, daß Sie die Oberarme etwas nach hinten beugen können.

Übung zur Entspannung der Halswirbelsäule

1

Nehmen Sie eine bequeme Sitzhaltung ein, und schließen Sie die Augen.

2

Konzentrieren Sie sich einen Moment lang auf Ihren Atem, und begleiten Sie in Gedanken Ihre Atemzüge. Atmen Sie dabei ruhig und gleichmäßig weiter. Ein und aus. Ein und aus. Ganz ruhig und ganz regelmäßig. Atmen Sie versuchsweise einmal mit dem Bauch, einmal mit der Brust, dann lassen Sie einfach Ihren persönlichen Atemrhythmus zu. Verlassen Sie nun mit Ihrer Konzentration Ihren Atem. Ihr Körper kümmert sich nun selbst darum.

3

Wechseln Sie mit Ihrer Konzentration zu Ihren Händen. Ballen Sie die Hände zur Faust und spüren Sie die Spannung in den Händen einige Sekunden lang. Dann lassen Sie los und spüren, wie die Entspannung sich in Ihren Händen ausbreitet, wie sie tiefer und tiefer wird.

4

Konzentrieren Sie sich nun langsam auf den verkrampften Bereich der Halswirbelsäule. Stellen Sie sich einen kurzen Moment lang Ihre verkrampfte Muskulatur dort vor. Spüren Sie die Anspannung in diesem Bereich. Unterstützen Sie diese Vorstellung, indem Sie die Muskeln im Bereich des Halswirbels anspannen. Dazu drehen Sie Ihren Kopf vorsichtig nach rechts, so als ob Sie mit geschlossenen Augen über die rechte Schulter sehen wollen. Bleiben Sie einen Moment bei dem Gefühl der Anspannung im rechten Halswirbelbereich. Dann drehen Sie den Kopf langsam wieder zurück.

5

Jetzt stellen Sie sich vor, wie Sie sich dort Entspannung wünschen, wie alle Muskeln sein müßten, wären sie nur richtig entspannt. Spüren Sie, wie sich auf der rechten Halsseite langsam etwas Entspannung ausbreitet, wie sie tiefer und tiefer wird. Entwerfen Sie sich ein

Übung zur Entspannung der Halswirbelsäule

Bild von Ihrer entspannten Muskulatur im rechten Halswirbelbereich. Stellen Sie sich vor, wie alle Muskelfasern in diesem Bereich sich ausdehnen und sich langsam entspannen und erschlaffen. Nun praktizieren Sie die gleiche Übung umgekehrt. Drehen Sie Ihren Kopf vorsichtig nach links, und spüren Sie die Anspannung im linken Halswirbelbereich. Dann drehen Sie den Kopf langsam wieder zurück.

6

Jetzt stellen Sie sich vor, wie Sie sich dort Entspannung wünschen, wie alle Muskeln sein müßten, wären sie nur richtig entspannt. Spüren Sie, wie sich auch auf der linken Halsseite langsam Entspannung ausbreitet, wie sie tiefer und tiefer wird.

7

Entwerfen Sie sich ein Bild von Ihrer entspannten Muskulatur im linken Halswirbelbereich. Stellen Sie sich vor, wie alle Muskelfasern in diesem Bereich sich ausdehnen und sich langsam entspannen und erschlaffen.

8

Nun senken Sie Ihren Kopf langsam nach vorne auf die Brust. So weit Sie können, ohne daß es Ihnen unangenehm wird. Sie können das Gefühl der Anspannung noch ganz vorsichtig etwas verstärken, indem Sie gleichzeitig die Zähne etwas zusammenbeißen. Aber nicht zu stark. Spüren Sie die Anspannung im Nacken, und lassen Sie langsam wieder los, indem Sie den Biß wieder lockern und den Kopf wieder in die Ausgangsstellung bringen.

9

Jetzt konzentrieren Sie sich wieder auf das Gefühl der Entspannung, das sich langsam in Ihrem Hals auszubreiten beginnt. Stellen Sie sich wieder alle Muskelfasern vor, wie sie entspannt und abgeschlafft sind. Spüren Sie, wie sich die Entspannung im Halsbereich ausbreitet.

10

Nun drücken Sie vorsichtig Ihre Schulterblätter hinter dem Rücken zusammen, indem Sie mit beiden Oberarmen und Ellenbogen nach hinten gehen. Wenn Sie die Übung richtig machen, drücken Sie dabei etwas den Brustkorb nach vorn.

11

Dann nehmen Sie die Oberarme langsam wieder in die Ausgangsstellung zurück und legen die Hände wieder auf Ihre Oberschenkel. Spüren Sie, wie die Entspannung sich in der Nähe Ihrer Schulterblätter ausbreitet.

Übung zur Entspannung der Halswirbelsäule

12

Nun freuen Sie sich mit möglichst vielen Sinnen über Ihren Erfolg. Genießen Sie die Wirkung dieser ersten Übung, auch dann, wenn Sie noch keine großen Veränderungen spüren. Jede kleinste Veränderung sollte freudig begrüßt werden. Mit jeder Wiederholung dieser Übung wird der Erfolg wachsen.

13

Und jetzt sollten Sie sich dafür kräftig loben. Schließlich ist es nicht einfach, trotz der Schmerzen eine solche Übung durchzuführen, vor allen Dingen, wenn Sie das nicht gewohnt waren.

14

Bekräftigen Sie Ihre Übungen, in dem Sie sich darin erfolgreich sehen. Stellen Sie sich vor, wie Sie diese Übung Tag für Tag durchführen und wie Ihre Schmerzen immer geringer werden!

15

Dann zählen Sie rückwärts von fünf nach null und öffnen wieder die Augen.

16

Spannen Sie zum Abschluß Ihre Hände noch einmal zur Faust, und spüren Sie die Anspannung, dann lassen Sie wieder los und spüren die Entspannung.

So können Sie Ihre Durchblutung im Gesicht verbessern

1

Nehmen Sie eine bequeme Sitzhaltung ein, und schließen Sie langsam die Augen.

2

Konzentrieren Sie sich einen Moment lang auf Ihren Atem, und begleiten Sie in Gedanken Ihre Atemzüge. Atmen Sie dabei ruhig und gleichmäßig weiter. Ein und aus. Ein und aus. Ganz ruhig und ganz regelmäßig. Atmen Sie versuchsweise einmal mit dem Bauch, einmal mit der Brust, dann lassen Sie einfach Ihren persönlichen Atemrhythmus zu. Verlassen Sie nun mit Ihrer Konzentration Ihren Atem. Ihr Körper kümmert sich nun selbst darum.

3

Wechseln Sie mit Ihrer Konzentration zu Ihrem Gesicht.

4

Stellen Sie sich vor, wie Ihr gesamtes Gesicht meistens angespannt und verkrampft ist, wie sich einzelne Partien verzerren und zusammenkrampfen, vor

So können Sie Ihre Durchblutung im Gesicht verbessern

allem dann, wenn Sie Schmerzen haben. Bleiben Sie einen Moment lang bei dieser Vorstellung, aber nur kurz.

5

Dann wechseln Sie die Vorstellung und stellen sich vor, wie Sie fröhlich und entkrampft und entspannt sein wollen.

6

Nun pressen Sie zuerst die Lippen aufeinander und spüren die Anspannung in der Lippenmuskulatur. Dann lassen Sie wieder los und spüren, wie die Entspannung sich in den Lippen ausbreitet und tiefer und tiefer wird. Nun beißen Sie kurz die Zähne zusammen, spüren einen Moment lang die Anspannung im Kiefermuskel und lassen dann wieder los. Spüren Sie, wie die Entspannung sich auch im Kiefer ausbreitet, wie Sie tiefer und tiefer wird. Dann legen Sie Ihre Stirn in Falten, indem Sie Ihre Augenbrauen nach oben schieben so weit Sie können. Halten Sie diese Anspannung einen Moment lang und lassen dann wieder los. Spüren Sie diesem Gefühl nach, und fühlen Sie, wie die Entspannung sich in Ihrem Gesicht weiter ausbreitet und ganz allmählich tiefer wird.

7

Sie können diesen Entspannungseffekt verstärken, wenn Sie sich vorstellen, wie das Blut nun im entspannten Zustand der Muskulatur besser fließen kann und Ihr Gesicht mit Blut versorgt. Stellen Sie sich vor, wie Ihre Gesichtshaut sich nun mit Leben und Farbe füllt und langsam frisch und gerötet aussieht.

8

Sehen Sie langsam mit geschlossenen Augen nach links, halten da einen Moment inne und lassen dann wieder los, indem Sie die Augen in die Ausgangsposition zurückbringen, um geradeaus zu sehen. Spüren Sie, wie auch die Augenmuskulatur entspannt wird und wie diese Entspannung tiefer und tiefer wird. Das gleiche wiederholen Sie nun, in dem Sie nach rechts sehen und die Anspannung spüren – und die Entspannung, wenn Sie nun wieder geradeaus sehen. Spüren Sie, wie die Entspannung sich in Ihrem Gesicht immer weiter ausbreitet und tiefer wird.

9

Nun sollte Ihr Gesicht besser als je zuvor durchblutet sein. Freuen Sie sich mit möglichst vielen Sinnen über Ihren Erfolg. Sehen Sie sich in Gedanken, wie Ihr Gesicht entspannt und gut durchblutet aussieht. Hören Sie, wie Ihr Blut durch die Adern fließt, wie es dabei leicht rauscht. Fühlen Sie, wie die Wärme durch Ihr Gesicht strömt.

So können Sie Ihre Durchblutung im Gesicht verbessern

10

Und nun loben Sie sich selbst! Gratulieren Sie sich zu Ihrem Durchhaltevermögen. Sie können es schaffen, Ihre Schmerzen zu reduzieren, ja sogar sie zu beseitigen, wenn Sie regelmäßig üben. Lassen Sie sich nicht beirren. Reden Sie sich selbst gut zu.

11

Bekräftigen Sie Ihre Übungen, indem Sie sich darin erfolgreich sehen. Stellen Sie sich vor, wie durch diese Übungen Ihre Schmerzen immer geringer werden, bis sie ganz verschwunden sind. Glauben Sie ruhig daran.

12

Jetzt können Sie rückwärts von fünf nach null zählen und die Augen öffnen.

13

Führen Sie nun die Minimuskelrelaxation durch, und intensivieren Sie die Entspannung, die Sie im Moment verspüren.

Wenn es mit der Entspannung nicht auf Anhieb klappt

Sollten Sie Probleme haben, die Entspannung bei der Gesichtsübung herbeizuführen, verzweifeln Sie nicht. Wahrscheinlich sind Ihre Verkrampfungen so groß, daß eine Übung natürlich nicht ausreichen kann, um die Muskulatur auf Entspannung umzuprogrammieren. Sie können aber auch noch einige weitere Muskelpartien im Gesicht mit in die Übung einbauen, zum Beispiel die Zunge gegen den Gaumen stoßen und dort angespannt lassen und wieder loslassen; Sie können den Mund spitzen, indem Sie einen Kußmund machen und ihn wieder loslassen und anderes mehr. Vielleicht versuchen Sie sich auch selbst einige Gesichtsübungen, die auf An- und Entspannung basieren, auszudenken. Ihrer Phantasie sind keine Grenzen gesetzt.

Bevor Sie sich an die folgenden Übungen machen, besprechen Sie sich mit Ihrem Arzt oder einem Psychologen, was er für die Ursache Ihrer Kopfschmerzen hält. Bei diesen Übungen handelt es sich um Eingriffe in das vegetative Nervensystem, führen Sie sie langsam, vorsichtig und möglichst korrekt durch. Stellen Sie sicher, daß Sie nicht gestört werden.

So können Sie Ihre Durchblutung im Kopfbereich reduzieren

1

Nehmen Sie eine bequeme Sitzhaltung (Kutscherhaltung) ein, und schließen Sie die Augen.

2

Konzentrieren Sie sich einen Moment lang auf Ihren Atem, und begleiten Sie in Gedanken Ihre Atemzüge. Atmen Sie dabei ruhig und gleichmäßig weiter. Ein und aus. Ein und aus. Ganz ruhig und ganz regelmäßig.

Atmen Sie einmal mit dem Bauch, einmal mit der Brust, dann lassen Sie einfach Ihren persönlichen Atemrhythmus zu. Verlassen Sie nun mit Ihrer Konzentration Ihren Atem. Ihr Körper kümmert sich nun selbst darum.

3

Wechseln Sie mit Ihrer Konzentration zu Ihrem Kopf.

4

Stellen Sie sich vor, wie die Durchblutung in Ihrem Kopf meistens durch Streßsymptome gestört wird, wie sich durch die tägliche Aufregung der Blutdurchfluß in Ihrem Gehirn verringert. Bleiben Sie aber nur einen Moment lang bei dieser Vorstellung.

5

Dann wechseln Sie die Vorstellung und stellen sich nun vor, wie Sie fröhlich und entkrampft und entspannt sein wollen.

6

Nun stellen Sie sich vor, wie die Butgefäße in Ihrem Kopf etwas angespannt und damit verengt sind. Stellen Sie sich vor, wie die kleinen Muskeln an Ihren Gefäßwänden sich wieder ausdehnen und damit entspannen.

Auf diese Weise weiten sich die Arterien, und mehr Blut kann hindurchfließen. Gleichzeitig sinkt aber auch der Druck in den Arterien. Der Schmerz läßt nach. Stellen Sie sich vor, wie das Gehirn wieder die Kontrolle über Ihre Arterien übernimmt und immer für den richtigen Durchmesser und den richtigen Druck sorgt.

7

Und nun loben Sie sich selbst! Gratulieren Sie sich zu Ihrem Durchhaltevermögen. Sie können es schaffen, Ihre Schmerzen zu reduzieren, ja sogar sie zu beseitigen, wenn Sie regelmäßig üben. Lassen Sie sich die Zuversicht nicht nehmen. Reden Sie sich selbst gut zu.

8

Bekräftigen Sie Ihre Übungen, indem Sie sich darin erfolgreich sehen. Stellen Sie sich vor, wie durch diese Übungen Ihre Schmerzen immer geringer wer-

So können Sie Ihre Durchblutung im Kopfbereich reduzieren

den, bis sie ganz verschwunden sind. Glauben Sie ruhig daran. Sie können das alles schaffen, wenn Sie festes Vertrauen zu sich haben.

9

Jetzt können Sie rückwärts von fünf nach null zählen und langsam die Augen öffnen.

10

Führen Sie nun die Minimuskelrelaxation durch, und intensivieren Sie die Entspannung, die Sie gerade verspüren.

So können Sie Ihre Durchblutung im Kopfbereich verbessern

1

Nehmen Sie eine bequeme Sitzhaltung (Kutscherhaltung) ein, und schließen Sie die Augen.

2

Konzentrieren Sie sich einen Moment lang auf Ihren Atem, und begleiten Sie in Gedanken Ihre Atemzüge. Atmen Sie dabei ruhig und gleichmäßig weiter. Ein und aus. Ein und aus. Ganz ruhig und ganz regelmäßig.

Atmen Sie versuchsweise einmal mit dem Bauch, einmal mit der Brust, dann lassen Sie einfach Ihren persönlichen Atemrhythmus zu. Verlassen Sie nun mit Ihrer Konzentration Ihren Atem.

3

Wechseln Sie mit Ihrer Konzentration zu Ihrem Kopf.

4

Stellen Sie sich vor, wie die Durchblutung in Ihrem Kopf zu weit gestellt ist. Es fließt im Moment zuviel Blut durch.

5

Dann wechseln Sie die Vorstellung und stellen sich nun vor, wie Sie fröhlich und entkrampft sein wollen.

6

Nun stellen Sie sich vor, wie die kleinen Muskeln an Ihren Gefäßinnenwänden sich leicht anspannen und den Durchmesser wieder verringern. Da fließt weniger Blut durch.

Der Schmerz läßt nach. Spüren Sie, wie sich Ihr Befinden bessert. Stellen Sie sich vor, wie das Gehirn wieder die Kontrolle über Ihre Arterien übernimmt und immer für den richtigen Durchmesser und den richtigen Druck sorgt.

7

Und nun loben Sie sich selbst! Gratulieren Sie sich zu Ihrem Durchhaltever-

So können Sie Ihre Durchblutung im Kopfbereich verbessern

mögen. Sie können es schaffen, Ihre Schmerzen zu reduzieren, ja sogar sie zu beseitigen, wenn Sie regelmäßig üben. Lassen Sie sich die Zuversicht nicht nehmen. Reden Sie sich selbst gut zu.

8

Bekräftigen Sie Ihre Übungen, indem Sie sich darin erfolgreich sehen. Stellen Sie sich vor, wie durch diese Übungen Ihre Schmerzen immer geringer wer-

den, bis sie ganz verschwunden sind. Glauben Sie ruhig daran – Sie können es schaffen!

9

Jetzt können Sie rückwärts von fünf nach null zählen und die Augen öffnen.

10

Führen Sie nun die Minimuskelrelaxation durch, und intensivieren Sie die Entspannung, die Sie im Moment verspüren.

Keine Suchtgefahr

Sie können Schmerzen mit körpereigenen Schmerz- und Aufputschmitteln, sogenannten Endorphinen, lindern. In bestimmten Situationen schüttet die Hypophyse solche Stoffe in geringen Mengen aus, die für eine Steigerung der Leistungsfähigkeit und ein Stimmungshoch sorgen. Bekannt ist diese Erscheinung beim Endspurt von Marathonläufern und Rennradsportlern.

Mit der folgenden Übung regen Sie Ihr Nervensystem zur Produktion körpereigener Morphine an.

Intensivieren Sie die körpereigene Schmerzmittelausschüttung

1

Nehmen Sie eine bequeme Sitzhaltung ein, und schließen Sie langsam die Augen.

2

Konzentrieren Sie sich einen Moment lang auf Ihren Atem, und begleiten Sie

in Gedanken Ihre Atemzüge. Atmen Sie dabei ruhig und gleichmäßig weiter. Ein und aus. Ein und aus. Ganz ruhig und ganz regelmäßig. Atmen Sie versuchsweise einmal mit dem Bauch, einmal mit der Brust, dann lassen Sie einfach Ihren persönlichen Atemrhythmus zu.

Intensivieren Sie die körpereigene Schmerzmittelausschüttung

Verlassen Sie nun mit Ihrer Konzentration Ihren Atem. Ihr Körper kümmert sich selbst weiter darum.

3

Wechseln Sie mit Ihrer Konzentration zu Ihrem Kopf.

4

Stellen Sie sich vor, wie in Ihrem Gehirn die Produktion von Endorphinen, einem körpereigenen Morphium, durch Ihren Befehl gesteigert wird. Sagen Sie Ihrer Leitzentrale, sie soll mehr Endorphine herstellen.

5

Nun stellen Sie sich den Strom dieser Endorphine in Ihren Nervenzellen vor. Sie fließen über die Hauptleitungen Ihrer Nerven und verhindern, daß die Schmerzen weitergeleitet werden können. Sie blockieren die Nervenzellen, die für die Schmerzweiterleitung verantwortlich sind. Machen Sie sich ein Bild davon.
Stellen Sie sich Ihre Nerven vor, dieses komplizierte Geäst, das wie ein weitverzweigter Baum aussieht. Durch die Adern dieses Baumes fließt nun das Endorphin und blockiert die Schmerzkanäle. Es verstopft sie. Stellen Sie sich kleine Zellen vor, die in großer Zahl ein Loch zustopfen können, bis es nicht mehr durchlässig ist.

Der Schmerz läßt nach. Fühlen Sie, wie Ihre körpereigenen Arzneimittel Ihre Schmerzen zum Abklingen bringen. Das körpereigene Morphium wirkt sofort. Sie brauchen keine zusätzlichen Medikamente.

6

Und nun loben Sie sich selbst! Gratulieren Sie sich zu Ihrem Durchhaltevermögen. Sie können es schaffen, Ihre Schmerzen zu reduzieren, ja sogar sie zu beseitigen, wenn Sie regelmäßig üben. Lassen Sie sich nicht beirren. Reden Sie sich selbst gut zu.

7

Bekräftigen Sie Ihre Übungen, indem Sie sich darin erfolgreich sehen. Stellen Sie sich vor, wie durch diese Übungen Ihre Schmerzen immer geringer werden, bis sie ganz verschwunden sind. Glauben Sie ruhig daran. Ermuntern Sie sich, indem Sie sich erfolgreich in Gedanken und im Geist diese Übungen durchführen sehen!

8

Jetzt können Sie rückwärts von fünf nach null zählen und die Augen öffnen.

9

Führen Sie nun die Minimuskelrelaxation durch und intensivieren Sie die Entspannung, die Sie im Moment verspüren.

DAS HORMONSYSTEM

Das Hormonsystem spielt
innerhalb des gesamten
Gleichgewichts unseres
Körpers eine bedeutende
und schwer durchschau-
bare Rolle. Viele seiner
Funktionen, von der
schon bekannten »Kampf-
Flucht-Reaktion« über
den Ablauf des Stoff-
wechsels bis hin zur
Sexualität, werden von
Hormonen gesteuert. Alle
diese hormonalen Abläufe
beeinflussen unsere
Stimmungen und
Stimmungsschwankungen
in jeder Minute des Tages.

Meß- und Regeltechnik im Körper

Der Aufbau des Hormonsystems

Die Zentrale des Hormonsystems ist der Hypothalamus, der unter den beiden Großhirnhälften an der Hirnbasis liegt. Er vermittelt zwischen anderen Hirnarealen und den endokrinen Drüsen und steuert damit deren Ausschüttung. Der Hypothalamus ist mit der Hypophyse (der Hirnanhangsdrüse) über einen Stiel aus Nervengewebe verbunden.

Zum endokrinen Drüsensystem gehören weiterhin die Schilddrüse, die Nebenschilddrüsen (vier kleine Drüsen an der Rückseite der Schilddrüse) und die Bauchspeicheldrüse. Auch die Nebennieren werden zum endokrinen System gerechnet, sie sind aber keine Drüsen im engeren Sinne, sondern bestehen aus Gewebe. Sie liegen etwas oberhalb unserer Nieren auf beiden Körperseiten. Innerhalb der Nebennieren spielen das Nebennierenmark und die Nebennierenrinde eine besondere Rolle.

Praktisch alle wichtigen Funktionen des Körpers werden von Hormonen gesteuert.

Was Hormone leisten
- Hormone steuern das Wachstum
- Hormone steuern die Milchproduktion
- Hormone regeln die Wehentätigkeit
- Hormone aktivieren oder dämpfen andere Organsysteme
- Hormone regulieren den Stoffwechsel
- Hormone versetzen den Körper in Erregungszustände
- Hormone regulieren Streßzustände
- Hormone steuern die Sexualität

Da die Hormone solche befindlichkeitsintensiven Abläufe wie die Sexualität oder die Streßbewältigung regeln, liegt es nahe, daß sie in hohem Maß durch mentale Übungen zu beeinflussen sind.

131

Die wichtigsten Hormone und ihre Aufgaben auf einen Blick

Name	*Herkunft*	*Funktion*
Wachstumshormon	Hypophyse	regelt Körperwachstum
Prolaktin	Hypophyse	Muttermilch-Produktion
Oxytozin	Hypophyse	löst Wehen aus
Antidiuretisches H.	Hypophyse	bremst Wasserausscheidung
Schilddrüsen-H.	Schilddrüse	erhöht Aktivität von Organen
Nebenschilddr.-H.	Nebenschilddrüse	reguliert den Kalziumspiegel
Adrenalin	Nebennierenmark	versetzt den Körper in Aktivität
Noradrenalin	Nebennierenmark	Aktionshormon
Kortison	Nebennierenrinde	Blutzuckersteigerung, entzündungshemmend
Insulin	Bauchspeicheldrüse	reguliert den Blutzucker
Östrogen	Eierstöcke	Menstruationszyklus und Aufrechterhaltung der Schwangerschaft
Progesteron	Nebennierenrinde Plazenta	Menstruationszyklus Empfängnis
Androgene	Nebennierenrinde	Geschlechts- und Sexualhormon
Aldosteron	Nebennierenrinde	Salzausscheidung und Natrium-Kalium-Gleichgewicht

Funktionsstörungen im Hormonsystem

Organische Störungen

Eine der häufigsten Hormonstörungen ist die bekannte Zucker-
krankheit (Diabetes). Dabei werden zwei Formen unterschieden:

Typ 1: Der Jugenddiabetes, der sich in der Jugend zeigt und oftmals ohne Vorwarnung auftritt.
Typ 2: Der Altersdiabetes, der sich meistens langsam über verschiedene Stadien entwickelt (siehe unten).

Beschwerden bei Diabetes

- Gewichtsabnahme
- Großer Durst (auch nachts)
- Häufiges Wasserlassen (auch nachts)
- Müdigkeit
- Abgeschlagenheit
- Juckreiz (bei Frauen häufig in der Scheide)
- Heißhunger
- Verschlechterung der Sehfähigkeit
- Wundsein
- Häufige Entzündungen der Schleimhäute
- Kopfschmerzen
- Nächtliche Wadenkrämpfe
- »Ameisenkribbeln« von Händen und Füßen

Was kaum jemand weiß: Diabetes ist eine hormonelle Störung. Sie ist allerdings keinesfalls ausschließlich in Selbstbehandlung zu kurieren!

Diabetisches Koma – Lebensgefahr!

Erwachsene Diabetiker können unter Umständen ganz beschwerde-
frei sein, während bei Jugendlichen die Krankheit immer einen
schweren Verlauf nimmt und – bei Eintritt des diabetischen Komas
– sogar lebensbedrohlich werden kann.
Bei diabetischem Koma sofort in die Klinik! Notarzt rufen!

Selbsthilfe reicht nicht aus

Auch wenn in den folgenden Kapiteln davon die Rede ist, wie man
mit Selbsthilfe und ganzheitlichen Psycho-Power-Methoden Hormonstörungen behandeln und damit einem Diabetes eventuell vor-

beugen kann: Gehen Sie erst zum Arzt und klären Sie organische Befunde ab, bevor Sie sich mit Psycho-Power-Methoden nach Vorbeugemaßnahmen umsehen. Nur allein mit Selbsthilfemaßnahmen läßt sich Diabetes nicht behandeln!

Warnzeichen für das diabetische Koma:

- Beschleunigtes, sehr tiefes Einatmen
- Atemgeruch nach Nagellackentferner (Aceton)
- Bauchschmerzen, Krämpfe
- Trockene (Schleim-) Haut

Psychische Störungen
Jähzorn

Menschen, die gern »in die Luft gehen«, haben in vielen Fällen vorher durch eine bestimmte Art des Verhaltens ihre Adrenalinproduktion übermäßig angeregt.

Sind Sie manchmal jähzornig? Der Auslöser für Ihren Wutausbruch sieht unter dem Mikroskop wie eine Wolkenkratzerfront aus.

Sie bringen sich, ohne es zu merken, in eine Position, in der sie sich angegriffen fühlen, aktivieren damit eine erhöhte Adrenalinausschüttung und müssen diese dann körperlich mit Aktivitäten, oft eben in Form von Wutanfällen, ausagieren. Ein Beispiel hierfür sind Autofahrer, die aufgrund von seelischen Frustrationen eine Zeit lang schnell fahren, damit das körpereigene Alarmsystem anregen, Adrenalin in hohen Dosen in den Organismus abzugeben, und die dadurch entstehende Erregung in Aggressionen gegen Mitautofahrer austoben.

Jähzorn und sexuelle Probleme sind Hormonstörungen, die Sie relativ leicht in den Griff kriegen können. Bei Diabetes sind nur kleine Schritte auf dem Weg zur Stärkung des Immunsystems möglich.

Gefährdet sind hier vor allem junge Leute, die sich im normalen Alltag keine Erfolgserlebnisse verschaffen können, weil sie nicht über die notwendigen Kompetenzen dazu verfügen, oder in einer Situation leben, in der sie sich ständig deklassiert fühlen.
Das gilt aber auch für Manager, die aufgrund ihrer Arbeitssituation glauben, sich keinerlei Gefühlsäußerungen leisten zu können und sich ständig emotional kontrollieren. Sie neigen dann dazu, sich entweder beim Autofahren oder mit Risikosportarten abzureagieren, oder sie lassen sich innerhalb der Familie gehen.

Sexuelle Störungen
Auch bestimmte Formen sexueller Störungen, wie zum Beispiel einfache Potenzstörungen oder sexuelle Überaktivität, können Folgen seelischer Probleme sein, die ihrerseits die Ausschüttung von Sexualhormonen vermindern oder steigern.

Die wichtigsten Ursachen der Funktionsstörungen
Jugenddiabetes
Beim Jugenddiabetes hat das körpereigene Immunsystem bis zu 80 Prozent der insulinbildenden Zellen in der Bauchspeicheldrüse zerstört. Nach Aussagen von Experten wird die Anlage zu dieser Krankheit vererbt. Ob sie jedoch überhaupt zum Ausbruch kommt, hängt von verschiedenen inneren und äußeren Faktoren ab.
Verschiedene Experten nehmen auch an, bestimmte Giftstoffe könnten Diabetes hervorrufen. Im Tierexperiment hat man tatsächlich mit Nitrosaminen oder Blausäurederivaten (Abkömmlingen) Diabetes erzeugt.

Altersdiabetes

Auch hier gilt die Anlage als vererbt. Man nimmt an, daß die Krankheit ausbricht, wenn die Zellen des Immunsystems langsam ermüden. Hier hat man vor allem das Übergewicht als einen zentralen Faktor identifiziert. Durch das Übergewicht bedingt, muß die Bauchspeicheldrüse erheblich mehr Insulin produzieren, um Zucker in die Fettzellen zu bringen. Das schafft sie einige Zeit lang, dann ist sie erschöpft und die Menge des Insulins ist nach dem Essen nicht mehr den körperlichen Erfordernissen gewachsen.

Der Altersdiabetes ist eine relativ häufige und wenig spektakuläre Erkrankung. Zwar ist die Anlage erblich, der Ausbruch aber erfolgt aufgrund einer schleichenden Schwächung des Immunsystems.

Mit Gedanken und Gefühlen das Hormonsystem steuern

Die meisten Experten sind sich darüber einig, daß die Art und Weise, wie Menschen ihre Konflikte verarbeiten, eine der Hauptursachen für die meisten funktionellen Störungen ist. Dies gilt auch für Störungen des Hormonsystems.

Menstruation

Wenn zum Beispiel eine Frau nicht weiß, daß während der Menstruation durch die Hormonabgabe massiv das seelische Befinden beeinflußt werden kann, wird sie eventuell den Fehler machen und bei sich selbst die Ursachen für etwaige Stimmungsschwankungen suchen.

Die Menopause

Noch größere Stimmungsschwankungen als der Menstruationszyklus können die sogenannten »Wechseljahre« mit ihren vielfältigen Hormonstörungen verursachen. Die dabei auftretenden Symptome, die der Volksmund als »fliegende Hitze« oder »Hitzewallungen« bezeichnet, sind Ausdruck der Anpassungsprozesse des Organismus an die neue Situation.

Vielfach werden diese Symptome mit Hormongaben behandelt. Ob das nötig ist, muß die Frau gemeinsam mit ihrem Arzt besprechen. Viel wichtiger scheint mir die Aufarbeitung der die Menopause begleitenden Ängste zu sein. Auf jeden Fall handelt es sich hier um keine Krankheit, sondern um einen ganz normalen Entwicklungsschritt, dessen körperliche Auswirkungen auch davon abhängig sind, wie die Frau diese Phase angeht und emotional verarbeitet. Es kommt darauf an, die mit dieser Situation verbundenen Umstellungen psychisch zu verarbeiten und dabei zu akzeptieren, daß man älter wird.

Unlustgefühle

Unlustgefühle vor dem Geschlechtsverkehr sind die häufigsten Sexualstörungen. Sie kommen bei etwa 90 Prozent aller Frauen vor und sind zumeist Ausdruck von Mißstimmungen in der Partnerbeziehung.

Sie sind normalerweise nur zeitweilig vorhanden und verschwinden mit der Beseitigung ihres Anlasses wieder. Wichtig dabei ist, daß das Problem auch tatsächlich ausgeräumt und nicht nur verdrängt wird.

> Zeitweilige Unlustgefühle sind völlig normal und treten in jeder Partnerschaft auf. Erst wenn sie sich häufen und über längere Zeiträume anhalten, ist Vorsicht geboten! Dann können sie als frühes Signal einer sich anbahnenden Beziehungsstörung gesehen werden und müssen entsprechend ernstgenommen werden.

Unlustgefühle sind meist nur vorübergehend und haben mit der aktuellen Lebenssituation zu tun. Frigide ist frau deswegen noch lange nicht!

Männer haben diese Unlustgefühle so gut wie gar nicht, weil sie in ihrer Sexualität nicht darauf angewiesen sind, eine befriedigende zwischenmenschliche Beziehung zu ihrer Partnerin haben zu müssen, damit es zum Geschlechtsakt kommen kann.

Wer keine Lust hat, dessen Organismus wird auch keine begleitenden Maßnahmen, zum Beispiel die Absonderung des Scheidensekretes, einleiten. Die Frau wird also nicht naß. Hier signalisiert der Körper, was eigentlich auch den Begleitumständen entspricht: »Ich will nicht!« Der Organismus ist an dieser Stelle oft weiter als das Bewußtsein.

Frigidität

Frigidität sieht auf den ersten Blick ähnlich aus wie Unlustgefühle, unterscheidet sich aber maßgeblich davon. Unlust kommt und Unlust geht wieder. Während bei der Unlust die Fähigkeit zum sexuellen Genuß vorhanden ist, sozusagen nur zeitweilig »schläft«, fehlt sie bei der Frigidität.

Lähmende Ängste
Es handelt sich hier in der Regel um das Ergebnis bestimmter, möglicherweise weit zurückliegender (sexueller) Erlebnisse in der Vergangenheit. Durch diese Erlebnisse wurden Ängste aktualisiert, die den Geschlechtsverkehr behindern.

Nur in den wenigsten Fällen kann man hier etwas mit Selbsthilfe erreichen. Meistens ist eine Psychotherapie indiziert. Sollten Sie unter Frigidität leiden, sprechen Sie zunächst mit Ihrem Arzt darüber, dann lassen Sie sich zu einem Spezialisten (Facharzt oder Sexualtherapeut) überweisen. Wichtig: Der Therapeut sollte von den Kassen anerkannt sein, In diesem Bereich gibt es leider auch eine ganze Reihe Scharlatane.

Sterilität

Bleibt Ihr Kinderwunsch unerfüllt? In den wenigsten Fällen liegen organische Störungen zugrunde. Meist wehrt sich einer der Partner unbewußt gegen den Familienzuwachs.

Bei der Sterilität (Konzeptionsunfähigkeit), also der biologischen Unfähigkeit, befruchtet zu werden, handelt es sich im eigentlichen Sinne nicht um eine Sexualstörung – man wird nur nicht schwanger.

In vielen Fällen liegt auch der Sterilität keine biologische Störung zugrunde, sondern eine unbewußte, psychische Abwehr, die immer auch als unbewußte Ablehnung eines Kindes gesehen werden muß. Viele Frauen wünschen sich in solchen Fällen zwar vordergründig ein Kind, lehnen aber tief in ihrem Innern den Partner und damit das zu erwartende Kind von ihm ab. Bei Frauen, die sich im Berufsleben aufarbeiten, kommt es oft vor, daß der Körper eine Mutterschaft verhindert, die das Kind zur »Karrierewaisen« macht.

Hier sollte genau geprüft werden, was eigentlich die Ursache der Konzeptionsunfähigkeit ist oder besser sein könnte. Auf der einen Seite kann es sich um eine biologische Störung handeln, auf der anderen Seite sollte man einfach die Möglichkeit in Betracht ziehen, daß unser Organismus eventuell schon weiter ist als unser Bewußtsein und der Tatsache ins Auge sehen, daß in dieser Beziehung etwas nicht stimmt.

Impotenz

Die Impotenz ist das männliche Gegenstück zur Sterilität. Hier handelt es sich um die Unfähigkeit, zu zeugen. Hier sollte zunächst der Arzt nach Ursachen suchen. Meist wird nach einer gründlichen Anamnese, die die möglichen psychologischen Hintergründe erhellen soll, auch eine Laboranalyse der Spermien vorgenommen.

Ejakulatio präcox (vorzeitiger Samenerguß)

Beim vorzeitigen Samenerguß handelt es sich nur selten um eine organisch bedingte Ursache, sondern in den meisten Fällen um Übererregbarkeit oder Versagensängste.

Der Mann ist nicht in der Lage, über einen längeren, auch für die Frau befriedigenden Zeitraum, mit ihr zu verkehren. Kaum ist er eingedrungen, kommt es schon zum Erguß. Auch hier kann man weiterhelfen, etwa mit dem Entspannungstraining oder entsprechender Visualisierungen.

Der vorzeitige Samenerguß ist eine Störung, die man mit Psycho-Power-Übungen relativ einfach beheben kann. Für Impotenz gilt das nur, wenn organische Ursachen auszuschließen sind.

So können Sie Ihre Schwierigkeiten bei Hormonproblemen lösen

Der erste Schritt: Welche Einstellung haben Sie zu Hormonproblemen?

Worauf wollen Sie diese Probleme aufmerksam machen? Was bedeuten diese Symptome für Sie?

Der zweite Schritt: Die genaue Problemdefinition

Überlegen Sie genau, woher Ihre Schwierigkeiten (die Symptome) kommen könnten! Schreiben Sie sich alles darüber auf!

Die genaue Situationsanalyse

Machen Sie sich eine genaue Situationsanalyse mit Hilfe einer Selbstbeobachtung. In welchen Situationen treten die Symptome auf?

Die ungefähre Zielanalyse

Was ist eigentlich Ihr Ziel? Wo wollen Sie genau hin?

Bestehen Konflikte zwischen Situation und Ziel?

Gibt es einen Konflikt zwischen Ihren Zielen und der Situation, in der die Störung auftritt? Könnte es sein, daß das, was Sie eigentlich tun sollten, mit anderen Sachen, die Sie schon tun, in Konflikt kommen könnte?

Das Problem wird strukturiert

Teilen Sie Ihre Probleme in mehrere Einzelteile auf, und sehen Sie sich diese genau an. Bleiben Sie dabei nicht am Symptom kleben, sondern wenden Sie sich den eigentlichen Ursachen zu.

Der dritte Schritt: Welche Alternativen habe ich?

Überlegen Sie genau, welche Möglichkeiten Sie haben, Ihre Situation zu verändern. Sammeln Sie diese, und schreiben Sie sie auf!

Der vierte Schritt: Ich entscheide mich für eine Lösung!

Welche Konsequenzen wird das wahrscheinlich haben?

Ich bewerte die verschiedenen Lösungen

Ich vergleiche die Lösungen anhand der wahrscheinlichen Konsequenzen untereinander

Der fünfte Schritt: Ich überprüfe später meinen Lösungsweg und die gemachten Erfahrungen

Erfolgreich oder noch einmal von vorn?

Visualisierungsübungen bei Sexualstörungen

Da die meisten von uns stark auf erotische Bilder reagieren, sind Visualisierungsübungen bei sexuellen Störungen oft erfolgreich.

Einfache Visualisierung

Die meisten Männer und Frauen reagieren in der Regel sehr stark auf Bilder mit erotischem Inhalt. Von daher bieten sich Visualisierungen in diesem Bereich an, um schon vorhandene Kräfte, die eventuell durch bestimmte Mißerfolgserfahrungen blockiert wurden, wieder zu stärken. Die Übung kann bei reduzierter sexueller Energie, zum Beispiel bei einer ejakulatio präcox (einem vorzeitigen Samenerguß) angewandt werden. Sie können Sie aber auch ohne Schwierigkeiten anderen Formen sexueller Störungen anpassen.

140

1. Übung: So können Sie Ihre sexuellen Energien stärken

1

Nehmen Sie eine bequeme Sitzhaltung ein, und schließen Sie die Augen.

2

Konzentrieren Sie sich einen Moment lang auf Ihren Atem, und begleiten Sie in Gedanken Ihre Atemzüge. Atmen Sie dabei ruhig und gleichmäßig weiter. Ein und aus. Ein und aus. Ganz ruhig und ganz regelmäßig. Verlassen Sie nun mit Ihrer Konzentration Ihren Atem. Ihr Körper kümmert sich selbst darum.

3

Gehen Sie nun mit Ihrer Aufmerksamkeit in den Bereich Ihres Unterkörpers.

4

Stellen Sie sich jetzt vor, wie Ihre bisherige Durchblutung in diesem Bereich gehemmt war. Alles da unten ist kühl. Bleiben Sie einen Moment bei dieser Vorstellung.

5

Stellen Sie sich nun vor, wie Sie Ihre Durchblutung im Beckenbereich stärken. Stellen Sie sich vor, wie sich Ihre Geschlechtsorgane langsam mit mehr Blut füllen. Sie schwellen an. Ergänzen Sie diese Vorstellung mit einem Bild, das Sie erregt. Legen Sie Ihrer Phantasie keinerlei Schranken auf.

6

Ihr Atem beschleunigt sich, Ihr Herz schlägt kräftiger als eben noch und Ihre Erregung steigt. Nun stellen Sie sich eine Situation mit Ihrem Partner vor, die genauso verläuft, wie Sie es sich schon immer gewünscht haben. Es gibt dabei keinerlei Schwierigkeiten, im Gegenteil: So schön war es noch nie!

7

Loben Sie sich selbst! Sie brauchen jetzt Zuspruch, denn Sie haben eine fast unmögliche Aufgabe bewältigt. Sie sind dabei, Ihr Sexualsystem umzuprogrammieren.

8

Bekräftigen Sie Ihre Übungen, indem Sie sich selbst öfter erfolgreich diese Übung durchführen sehen, und wie Sie dann spüren, wie Ihre Probleme immer geringer werden, bis sie ganz verschwunden sind.

9

Sie können jetzt rückwärts von fünf nach null zählen und die Augen öffnen.

10

Führen Sie die Minimuskelrelaxation durch und spüren Sie die Entspannung, wie sie sich in Ihrem Körper, aber vor allem im Beckenbereich ausbreitet.

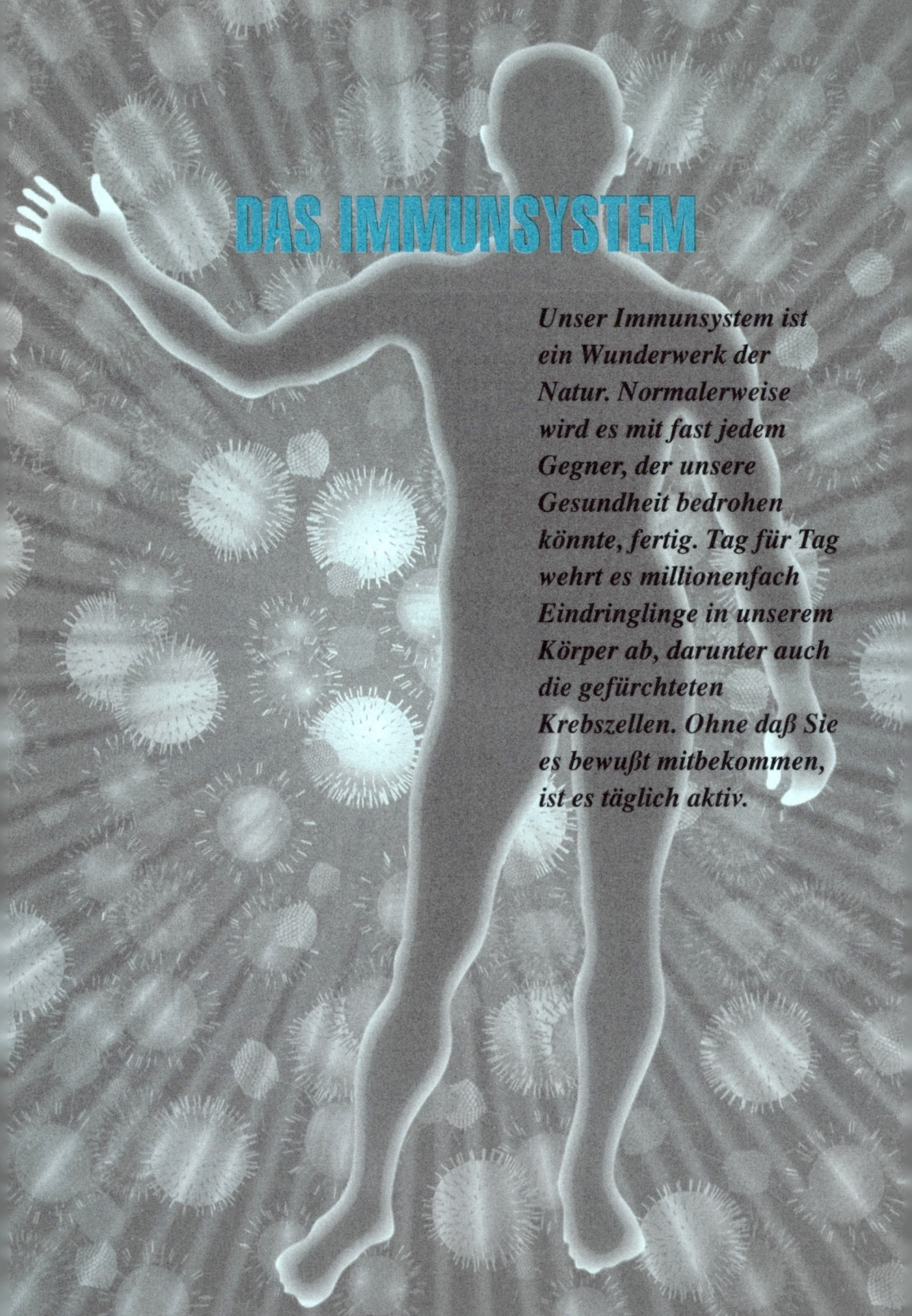

DAS IMMUNSYSTEM

Unser Immunsystem ist ein Wunderwerk der Natur. Normalerweise wird es mit fast jedem Gegner, der unsere Gesundheit bedrohen könnte, fertig. Tag für Tag wehrt es millionenfach Eindringlinge in unserem Körper ab, darunter auch die gefürchteten Krebszellen. Ohne daß Sie es bewußt mitbekommen, ist es täglich aktiv.

Die körpereigene Abwehr

Die Hauptbestandteile unseres Immunsystems

»Immunsystem« ist ein künstlicher Begriff, der verschiedene Körperstrukturen zusammenfaßt. Ein Teil des Immunsystems befindet sich im Blut, hier sind besonders die Leukozyten, die weißen Blutkörperchen, zu erwähnen; ein anderer Teil besteht aus den lymphatischen Organen (zum Beispiel dem Thymus), dem lymphatischen Gewebe (Knochenmark, Milz, Mandeln), den Lymphknoten, den Lymphgefäßen und der Lymphflüssigkeit mit ihren Bestandteilen.

Die Hauptbestandteile des Immunsystems werden im Knochenmark als sogenannte Stammzellen produziert. Sie reifen zu verschiedenen Immunzellen heran. Andere, wie zum Beispiel die T-Zellen, werden im Thymus herangezüchtet.

Unsere Körperpolizei in Aktion: Die Immunzellen vernichten eingedrungene Fremdkörper und schädliche Zellen, die der Körper selbst produziert.

Die Hauptaufgaben des Immunsystems
- Erkennen und Vernichten von Viren, Bakterien und Pilzen
- Vernichten von Krebszellen, die der Körper produziert
- Verhinderung des Ausbruchs von bereits im Körper zirkulierenden Viren (Herpes)

Wann ist unser Immunsystem gefährdet?

Es sind vor allem bestimmte Lebensphasen, die uns Probleme machen können: Pubertät, Schwangerschaft und Wechseljahre.

Hier kommen hormonelle Umstellungen auf den Menschen zu, die auf das Immunsystem supressiv, also unterdrückend wirken. Aber es können auch einzelne Ereignisse sein, die besondere Anpassungsleistungen von uns erfordern – Heirat, Tod oder Pensionierung etwa. Eine genaue Aufstellung dieser Ereignisse und ihres Risikos, das Immunsystem zu schwächen, finden Sie im Kapitel »So wirkt Streß auf Sie« auf Seite 60.

143

Die Seele und das Immunsystem

Unsere Gefühle und Stimmungen lösen eine ganze Reihe von hormonellen Veränderungen in unserem Körper aus, die wiederum anregend oder bremsend auf das Immunsystem und seine Kämpfer wirken können. Dadurch wird deutlich, daß unser Immunsystem in ein komplexes Wechselspiel des menschlichen Organismus eingebunden ist. Jede Störung dieses ausgeklügelten Gleichgewichtssystems kann eine Erkrankung hervorrufen, die unterschiedliche Körperreaktionen erfordert.

Die häufigsten Funktionsstörungen

Bei den Erkrankungen des Immunsystems können wir verschiedene Hauptformen unterscheiden: Es kann grundsätzlich geschädigt sein, zum Beispiel durch einen Fehler in der Erbinformation oder einen genetischen Defekt; es kann zu stark reagieren, beispielsweise bei Allergien und es kann nicht stark genug sein, wie etwa bei Infekten etc.

Wenn das Immunsystem überreagiert

Zwei Störungen des Immunsystems: Ist es zu schwach, holt man sich Infektionen, reagiert es zu stark, sind Allergien die Folge.

Bei Allergien und auch beim Asthma kommt es nicht zu einer Schwächung des Immunsystems, sondern zu einer Überreaktion. Allergene (Auslöser) wie zum Beispiel die Pollen bestimmter Pflanzen rufen im Körper eine allergische Reaktion hervor.

Im Laufe der Zeit können immer mehr Auslöser diese Reaktion hervorrufen und der Prozeß chronifiziert sich. Dabei ist die Immunreaktion des Körpers maßgeblich beteiligt.

Atemnot und Angst – der asthmatische Teufelskreis

Beim Asthma ziehen sich die Muskeln der Bronchien zusammen, die Schleimhäute schwellen an, der Schleim wird dickflüssig. Dadurch kommt es zur Atemnot: Der Durchmesser der Bronchien wird so verringert, daß kaum noch Luft hindurchgeht.

Auf die Luftnot reagiert das Gehirn mit Angst, die wiederum zu Muskelkontraktionen führt. Der Betroffene verkrampft sich. Daher wird in diesem Zusammenhang auch nicht nur auf der Immunebene

Einfluß genommen, sondern ebenso auf der medikamentösen Ebene und der Ebene der psychischen Entspannung.

Selbsthilfe ist möglich

Bei der Überreaktion des Immunsystems können Sie verschiedene Übungen machen. Die wichtigsten finden Sie im Übungsteil unter »Die Kraft des Bildes«, auf Seite 148 (»So bringen Sie Ihr Immunsystem auf Trab«) und im Kapitel »Ruhig und gelassen« auf Seite 24.

Krebs – wenn das Immunsystem kapituliert

Bei den Krebszellen gilt, was schon weiter oben allgemein über das Immunsystem gesagt wurde. Hier wissen wir, daß das Immunsystem mit der Menge der entarteten Zellen irgendwann nicht mehr fertigwerden kann. Es kommt also darauf an, das körpereigene Immunsystem zu stärken.

Auf diesen Erkenntnissen beruhen auch die zum Teil spektakulären Erfolge von ganzheitlichen Therapieansätzen beim Krebs, die auf verschiedenen Ebenen das Immunsystem des Körpers über Bewegung, Ernährung und gezielte seelische Entspannung kräftigen.

Wenn sich der Krebs im Körper breitmacht, ist das Immunsystem zusammengebrochen. Jetzt ist gezielte Stärkung nötig!

So kommen Funktionsstörungen zustande

Genetische Defekte

Wenn der Ablauf der Immunreaktion durch einen genetischen Defekt verändert wird, kann die Körperabwehr vollständig zusammenbrechen. Ein oft zitiertes Beispiel sind Kinder, die völlig von ihrer Umwelt abgeschirmt werden und unter einem keimfreien Plastikzelt mit gefilterter Atemluft leben müssen. Trotz dieser unmenschlich erscheinenden Behandlung hat die moderne Medizin es fertiggebracht, solche Kinder immerhin ca. zwölf Jahre lang am Leben zu erhalten. Früher wären sie dem sicheren Tod ausgesetzt gewesen, da sie selbst die harmloseste Infektion umbringen kann.

Überreaktion

Immunologische Überreaktionen veranlassen die körpereigene Abwehr, mit übertriebenen Immunantworten auf eigentlich harmlose Erreger, zum Beispiel Blütenpollen, zu reagieren.

Immunschwäche

Immunabwehrschwäche macht das körpereigene Immunsystem unfähig, mit Angreifern fertigzuwerden. Bekannteste Beispiele sind die Krebserkrankung oder andere sogenannte »chronische Infektionskrankheiten«, wie zum Beispiel die chronische Bronchitis.

Verhaltensbedingte Einflüsse

Bestimmte Verhaltensweisen innerhalb unseres Kulturkreises, wie etwa das Rauchen, schwächen das Immunsystem. Andererseits kann man durch entsprechendes Training seine Immunabwehr soweit kräftigen, daß sie den meisten Erregern widersteht.

Bewegung – Hilfe bei Asthma

Bei bestimmten Asthmaformen, zum Beispiel dem sogenannten Belastungsasthma, kann es vorkommen, daß bei zu starker körperlicher Belastung ein Asthmaanfall ausgelöst werden kann. Man kann diese Belastungsgrenze durch regelmäßiges Training aber so weit nach oben verschieben, daß auch ein Asthmatiker normale sportliche Belastungen ohne Anfall aushalten kann. Wer sich als Asthmatiker nur wenig bewegt, keinen oder kaum Sport treibt, bekommt aufgrund seiner mangelnden Belastbarkeit bei immer geringeren Anlässen einen asthmatischen Anfall.

Durch ständige Dauerbelastung im Arbeitsleben, in der Familie, besonders bei Frauen (Berufstätigkeit und Haushalt), aber auch bei Freizeitbeschäftigungen, die in Leistung ausarten, statt Entspannung zu bringen, kann das Immunsystem beeinträchtigt werden.

Am meisten schädigen wir unser Immunsystem durch vermeidbare Einflüsse. Vitamin- und nährstoffarmes Essen steht an erster Stelle.

Fehlernährung

Wir essen oftmals zu viel und zu fett, nehmen zu wenig Mineralstoffe und Vitamine zu uns – und wundern uns dann noch, wenn wir in solchen Phasen leicht erkranken. Ein gut funktionierendes Immunsystem aber braucht eine ausgewogenen Menge an Spurenelementen und Vitaminen. So ist z. B. inzwischen erwiesen, daß Personen, die sich vollwertig und mit genügend Ballaststoffen ernähren, deutlich seltener an Darmkrebs erkranken.

Junk-Food und Immunsystem
Die heute übliche industrielle Herstellung von Lebensmitteln, die überwiegend auf schnelle Zubereitung und lange Haltbarkeit ausgerichtet ist, führt dazu, daß Vitamine und Spurenelemente kaum noch in unserer Nahrung enthalten sind.

Mit Gedanken und Gefühlen dem Immunsystem helfen
Negative Beeinflussung
Wer unter starkem seelischen Druck leidet, zum Beispiel durch Arbeitsbelastung, Ehe- und Partnerschaftskrisen oder durch Konflikte mit den Kindern, kann leicht feststellen, daß seine Neigung zu erkranken zunimmt. Häufige kleinere und größere Infekte, latente Hauterkrankungen und eine Vielzahl von seelischen Mißstimmungen und Befindlichkeitsstörungen sind oftmals erste Anzeichen für eine Störung des Immunsystems. Personen, die sich bei konflikthaften Prozessen vornehmlich passiv verhalten, nur noch bestimmte Emotionen zulassen und andere dagegen verdrängen, fördern durch diese Haltung ein emotionales Ungleichgewicht, das leicht zu Immunsuppressionen führen kann.

Seelischer Druck führt zu hoher Anfälligkeit für Erkrankungen. Umgekehrt heißt das, daß unser Immunsystem durch Entspannungsübungen zu stärken ist.

Positive Beeinflussung durch Gedanken und Gefühle
Wer dagegen Gefühle wie Freude und Liebe in sich pflegt, fördert seine Immunabwehr. Hoffnung und der Glaube, selbst aktiv etwas an seiner Situation ändern zu können, ziehen nicht nur auf Dauer Erfolgserlebnisse nach sich, sondern dienen auch der Gesundheit.

So können Sie Ihre Immunprobleme lösen

Der erste Schritt: Welche Einstellung haben Sie zu Immunproblemen?
Was wollen Ihnen diese Schwierigkeiten sagen? Worauf wollen Sie Immunprobleme aufmerksam machen?

Der zweite Schritt: Die genaue Problemdefinition
Überlegen Sie genau, woher Ihre Schwierigkeiten kommen könnten! Schreiben Sie sich alles auf!

Die genaue Situationsanalyse
Machen Sie sich eine genaue Situationsanalyse mit Hilfe einer Selbstbeobachtung. Wann treten die Symptome auf?
Die ungefähre Zielanalyse
Was ist eigentlich Ihr Ziel? Wo wollen Sie genau hin?
Bestehen Konflikte zwischen Situation und Ziel?
Gibt es einen Konflikt zwischen Ihren Zielen und Ihrer jetzigen Situation?
Das Problem wird strukturiert
Teilen Sie Ihre Probleme in mehrere Einzelteile auf und sehen sich diese genauer an. Bleiben Sie dabei aber nicht am Symptom kleben, sondern wenden sich den eigentlichen Ursachen zu.

Der dritte Schritt: Welche Alternativen habe ich?
Überlegen Sie genau, welche Lösungsmöglichkeiten Sie haben. Sammeln Sie diese und schreiben Sie sie auf!

Der vierte Schritt: Ich entscheide mich für eine Lösung!
Welche Konsequenzen wird das haben?
Ich bewerte die verschiedenen Lösungen
Ich vergleiche die Lösungen anhand der wahrscheinlichen Konsequenzen untereinander

Der fünfte Schritt: Ich überprüfe meinen Lösungsweg und die gemachten Erfahrungen
Erfolgreich oder noch einmal von vorn?

Drei Schritte auf dem Weg zu einem gesunden Immunsystem: Richtige Ernährung, viel Bewegung und Abbau von Streß.

So bringen Sie Ihr Immunsystem auf Trab!

Außer den speziellen Übungen, die Sie weiter unten in diesem Kapitel finden, gibt es noch einige allgemeine Hinweise, wie Sie Ihr Immunsystem auf Trab bringen können.

Richtige, gesunde Ernährung
Es leuchtet jedem ein, daß ein gut funktionierendes Immunsystem, damit es seine Aufgaben erfüllen kann, auch über die entsprechen-

den Substanzen verfügen muß, aus denen es im Körper produziert wird. Eine ausgewogene Ernährung mit viel frischem Obst, Gemüse und einer ballaststoffreichen Kost ist eine der Grundvoraussetzungen dafür.

Gerade die Ballaststoffe spielen dabei eine besondere Rolle, weil sie auch für den Abtransport von Schadstoffen, die über die Ernährung aufgenommen wurden, zuständig sind.

Ausreichend Bewegung und Sport

Gerade Bewegung und Sport werden in ihrer Bedeutung für das Immunsystem oft verkannt. Oder wußten Sie, daß die Lymphflüssigkeit nur über die Bewegung des Körpers transportiert wird? Wer sich nur wenig bewegt, hat eine träge reagierende Lymphflüssigkeit – Krankheitserreger, die sich im Lymphsystem befinden, werden nur langsam abtransportiert.

Aber auch die Geschwindigkeit, mit der die Abwehrzellen zum Krankheitsort kommen, hängt von der Bewegung ab. Nur körperliche Aktivität hält den Lymphkreislauf aufrecht. Es gibt hier kein Herz, das pumpt, nur Muskeln, die die Lymphe durch die Gefäße pressen.

Weitere Informationen über das wichtige Thema Ernährung finden Sie in »Fit durch Vitamine« von Klaus Oberbeil, Südwest-Kursbuch, München 1993.

Ausdauersport in der frischen Luft – etwas Besseres können Sie für Ihr Immunsystem kaum tun.

149

Bewegung als Schmerzmittel

Außerdem hat sportliche Betätigung im Ausdauerbereich, also da, wo Kondition gebildet wird, durch erhöhte Endorphinausschüttung auch seelische Wirkungen (siehe dazu auch Visiualisierungsübung »Intensivieren Sie die körpereigene Schmerzmittelausschüttung«, Seite 128f.). Wir fühlen uns besser, entspannter und lockerer – auch das hilft dem Immunsystem.

Entspannung der Seele

Unser seelisches Wohlbefinden ist der beste Fitmacher für unser Immunsystem. Wer glücklich und zufrieden ist, wird nachweislich weniger oft krank. Sicher haben auch Sie das schon in Ihrer Umgebung erlebt. Wer sich locker und entspannt fühlt, wer hoffnungsvoll und siegesgewiß an seine Aufgaben geht, stimuliert sein Immunsystem.

Daher ist eines der wichtigsten Elemente für ein gut funktionierendes Immunsystem auch der Bereich der seelischen Entspannung. Fangen Sie am besten gleich an, die nachfolgenden Übungen werden Ihnen dabei helfen, Ihr Immunsystem fit zu halten. Aber bedenken Sie: Auch hier ist Geduld vonnöten. Aber nach ein paar Wochen oder Monaten werden Sie den Erfolg spüren und sich darüber freuen können.

1. Übung: Visualisierung zur Aktivierung des Immunsystems

1

Nehmen Sie eine bequeme Sitzhaltung ein, und schließen Sie die Augen.

2

Konzentrieren Sie sich einen Moment lang auf Ihren Atem, und begleiten Sie in Gedanken Ihre Atemzüge. Atmen Sie dabei ruhig und gleichmäßig weiter. Ein und aus. Ein und aus. Ganz ruhig und ganz regelmäßig. Atmen Sie einmal mit dem Bauch, einmal mit der Brust, dann lassen Sie einfach Ihren persönlichen Atemrhythmus zu. Verlassen Sie nun mit Ihrer Konzentration Ihren Atem. Ihr Körper kümmert sich nun selbst darum.

3

Wechseln Sie mit Ihrer Konzentration zu Ihrem Knochenmark, hauptsächlich vorhanden in Oberschenkeln und Becken.

1. Übung: Visualisierung zur Aktivierung des Immunsystems

4

Stellen Sie sich vor, wie in Ihrem Knochenmark die Produktion von Stammzellen vonstatten geht. Diese Zellen sind sehr kräftig. Sie verwandeln sich langsam in noch stärkere Immunzellen. Sie sind aber noch unreif und verlassen zunächst das Knochenmark, um über das Blut ins Gewebe zu kommen.

Dort entwickeln sie sich weiter zu unbesiegbaren Immunzellen. Je weiter sie im Körper vordringen, um an ihren Bestimmungsort zu gelangen, desto stärker werden sie. Dabei reifen sie zu ihrer vollen Stärke als Immunpolizei heran.

5

Nun stellen Sie sich vor, wie Sie diese Ströme in Ihrem Körper dahin leiten, wo Sie dringend gebraucht werden, um mit einem Eindringling kurzen Prozeß zu machen. Dirigieren Sie die starken Immunzellen dorthin. Dahin, wo Sie persönlich sie brauchen!

6

Machen Sie sich ein Bild davon. Stellen Sie sich diese riesigen, kräftigen Ströme in Ihrem Körper vor, wie sie sich durch das Blut, durch die Lymphflüssigkeit überallhin bewegen können, wo Sie sie hinhaben wollen. Es handelt sich um ein mächtiges Flußsystem, so mächtig, wie die stärksten Ströme der Welt. Viel mächtiger als der Rhein, die Wolga oder der Amazonas.

7

Am Zielort angekommen, beginnen sie den Kampf mit den Eindringlingen oder mit den entarteten, wuchernden Zellen. Sie fressen alles auf, was Sie krank machen könnte und sorgen für den Abtransport des Abfalls.

8

Und nun loben Sie sich selbst! Gratulieren Sie sich zu Ihrem Durchhaltevermögen. Sie können es schaffen, Ihr Immunsystem zu stärken, es unbesiegbar zu machen und so mit allen Schwierigkeiten fertigzuwerden, wenn Sie regelmäßig üben. Lassen Sie sich nicht beirren. Reden Sie sich selbst gut zu.

9

Bekräftigen Sie Ihre Übungen, indem Sie sich darin erfolgreich sehen. Stellen Sie sich vor, wie durch diese Übungen Ihr Immunsystem immer stärker und unbesiegbarer wird.

10

Sie können jetzt von fünf nach null zählen und die Augen öffnen.

11

Führen Sie die Minimuskelrelaxation durch und spüren Sie die Entspannung, wie sie sich in Ihrem Körper ausbreitet.

Selbsthilfe gegen Krebs

Auch hier wieder der Hinweis: Bei Verdacht auf Krebs, egal welcher Art, sollten keine Selbsthilfeversuche gemacht werden, um das Tumor- oder Karzinomwachstum zum Stillstand zu bringen, ohne daß vorher ein Arzt aufgesucht wird. Die besten Ergebnisse in der Krebsbehandlung werden in einer Kombination von konventioneller medizinischer Behandlung und Selbsthilfeverfahren erzielt. Fragen Sie also Ihren Arzt, ob Sie mit Visualisierungs- und Entspannungsübungen die von ihm gewählte Behandlungsform unterstützen können.

Achtung: Die Übung zur Reduzierung des Krebswachstums können Sie nur durchführen, wenn Sie die lange Version des Muskelrelaxationsprogramms beherrschen. Sollte dieses noch nicht der Fall sein, schlagen Sie das Kapitel »Ruhig und gelassen« auf Seite 24 auf und üben zunächst das Entspannungsverfahren ein!

2. Übung: Visualisierung zur Reduzierung des Krebswachstums

1

Nehmen Sie eine bequeme Sitzhaltung ein, und schließen Sie die Augen.

2

Konzentrieren Sie sich einen Moment lang auf Ihren Atem, und begleiten Sie in Gedanken Ihre Atemzüge. Atmen Sie dabei ruhig und gleichmäßig weiter. Ein und aus. Atmen Sie versuchsweise einmal mit dem Bauch, einmal mit der Brust, dann lassen Sie einfach Ihren persönlichen Atemrhythmus zu. Beim Ausatmen sagen Sie sich innerlich: »Ich entspanne mich!« Verlassen Sie nun mit Ihrer Konzentration Ihren Atem.

3

Nun entspannen Sie nacheinander erst die Brust, dann den Schulterbereich, das Gesicht, den Nacken und den Hals. Dann gehen Sie nochmals in die Brust und den Bauch.

4

Absolvieren Sie das gesamte Muskelrelaxationsprogramm bis hin zur Entspannung der Fußspitzen. Erst dann beginnen Sie mit der Visualisierung.

5

Stellen Sie sich nun vor, daß Sie sich an einem schönen Ort befinden. Vielleicht auf Ihrer Trauminsel oder, wenn Sie ein

2. Übung: Visualisierung zur Reduzierung des Krebswachstums

Freund der Berge sind, in einer Berghütte. Stellen Sie sich vor, wie Sie dort entspannt in der Sonne oder im Schatten liegen und ein Erfrischungsgetränk schlürfen.

6

Jetzt stellen Sie sich Ihren Krebs vor. Wenn Sie wissen, wie er aussieht oder aussehen könnte, möglichst in seiner realen Gestalt. Sonst machen Sie sich ein Phantasiebild. Denken Sie daran, Krebszellen sind schwache Zellen, längst nicht so stark wie Ihre anderen Zellen. Ihre Immunabwehrzellen sind viel kräftiger, aber sie müssen erst lernen, mit diesem Eindringling fertig zu werden. Ihr Abwehrsystem muß erst seine volle Stärke entfalten können, bevor es mit dem Krebs fertig wird.

7

Wenn Sie gerade auch konventionell gegen Krebs behandelt werden, ob mit Bestrahlung oder Chemotherapie, dann stellen Sie sich jetzt vor, wie diese Behandlung Ihren Krebs schädigt, weil er schwach ist. Stellen Sie sich vor, wie auch Ihre Zellen etwas geschädigt werden, aber diese können den Schaden leicht reparieren, der Krebs kann das nicht! Stellen Sie sich also vor, wie die Strahlen oder die Chemikalien die Krebszellen angreifen und vernichten, während Ihre Zellen überleben und die

kleineren Schäden schnell selbst beheben können.

8

Stellen Sie sich vor, wie Ihre weißen Blutkörperchen sich in jene Zonen begeben, wo der Krebs wächst und wie sie die anomalen Zellen entdecken, identifizieren und diese Nachricht auch an Ihre anderen Immunpolizeizellen weitergeben, damit diese den Krebs ebenfalls angreifen und vernichten können.

9

Die weißen Blutkörperchen sind stark, wendig und flexibel. Sie sind schnell, während der Krebs träge, langsam und unflexibel ist. Die weißen Blutkörperchen gewinnen die Schlacht.

10

Stellen Sie sich vor, wie die weißen Blutkörperchen die Krebszellen fressen, verdauen und abtransportieren. Durch Leber, Nieren, Urin und Stuhl werden sie aus dem Körper geschwemmt. So und nicht anders soll die Entwicklung verlaufen. Stärken Sie diese Erwartung immer wieder. Sagen Sie sich laut und leise: »Das ist es, was ich will!« Wenn Sie allein sind, schreien Sie es hinaus: »Das ist es, was ich will!«

11

Stellen Sie sich vor, wie der Tumor immer kleiner wird, bis er so klein ist, daß

153

2. Übung: Visualisierung zur Reduzierung des Krebswachstums

er von Ihren Zellen endgültig zum Verschwinden gebracht wird. Dies wiederholen Sie so oft wie möglich!

12

Nun können Sie sich mit möglichst vielen Sinnen über Ihren Erfolg freuen. Versuchen Sie mit all Ihren Sinnen Freude über diesen Erfolg zu empfinden.

13

Loben Sie sich selbst! Sie brauchen jetzt Zuspruch, denn Sie haben eine fast unmögliche Aufgabe bewältigt. Sie sind dabei, Ihr Immunsystem umzuprogrammieren.

Bekräftigen Sie sich selbst, indem Sie sich auf die Schulter klopfen und sagen:

»Das hast Du gut gemacht. Sehr gut sogar!«

14

Bekräftigen Sie Ihre Übungen, indem Sie sich selbst öfters erfolgreich diese Übung durchführen sehen, und wie Sie dann spüren, wie das Krebswachstum abnimmt und wie der Krebs verschwindet.

15

Sie können jetzt rückwärts von fünf nach null zählen und die Augen öffnen.

16

Wiederholen Sie kurz die Minimuskelrelaxation und spüren die Entspannung, wie sie sich in Ihrem Körper, aber vor allem in der Brust ausbreitet.

Selbsthilfeübungen bei Atemproblemen, Asthma und Allergien

Bei Atemproblemen und Asthma gibt es zwei Übungen, die unterschiedliche Angriffspunkte in gestörten Organsystemen haben:

Die erste Übung reduziert die Neigung der Bronchialschleimhäute, sich zu entzünden und Substanzen auszuscheiden, die zu Verkrampfungen der Muskulatur führen.

Die zweite Übung reduziert die Verspannung der Muskulatur und entkrampft die Muskeln, was allein schon zu einer Zunahme des Atemvolumens führen kann. Außerdem hat eine Entkrampfung zusätzlich beruhigende Wirkungen auf die Psyche und die bei Atemnot entstehende Angst.

Durch beide Übungen läßt sich die Anfallsneigung bei Allergikern und Asthmatikern gezielt senken – allerdings nur bei regelmäßiger Anwendung über einen längeren Zeitraum.

Warnung!

Es versteht sich von selbst, daß solche Übungen nicht die medikamentöse Behandlung bei Allergien und Asthma ersetzen können, sondern daß es hier um unterstützende zusätzliche Maßnahmen geht.

3. Übung: Beruhigung der Bronchialschleimhäute

1

Nehmen Sie eine bequeme Sitzhaltung ein, und schließen Sie langsam die Augen.

2

Konzentrieren Sie sich einen Moment lang auf Ihren Atem, und begleiten Sie in Gedanken Ihre Atemzüge. Atmen Sie dabei ruhig und gleichmäßig weiter. Ein und aus. Ein und aus. Ganz ruhig und ganz regelmäßig. Atmen Sie versuchsweise einmal mit dem Bauch, einmal mit der Brust, dann lassen Sie einfach Ihren persönlichen Atemrhythmus zu. Verlassen Sie nun mit Ihrer Konzentration Ihren Atem. Ihr Körper kümmert sich selbst darum.

3

Bleiben Sie mit Ihrer Aufmerksamkeit weiter in der Brust.

4

Stellen Sie sich jetzt vor, wie sich Ihre Immunzellen für den Kampf gegen die – eigentlich harmlosen – Erreger in Ihrer Schleimhaut bereit gemacht haben und eine Menge Substanzen produzieren, um die Erreger in die Flucht zu schlagen. Diese Substanzen sind dabei, Ihre Schleimhäute zu entzünden.

5

Stellen Sie sich nun vor, wie Sie den Strom der Angreifer umlenken und ihn wieder nach Hause schicken. Die Angreifer, Pollen, sind harmlos. Sie können Ihnen nichts tun. Sie schicken Ihre aufgeregte Immunarmee zurück an Ihren Ausgangsort, weg vom Ort der allergischen Reaktion. Stellen Sie sich vor, wie Ihre Immunpolizei aufhört, übermäßig Immunglobulin E zu produzieren.

6

Stellen Sie sich vor, wie einige wenige Immunpolizisten zurückbleiben und sich mit den harmlosen Substanzen vertraut machen. Sie prüfen und erkennen ihre Harmlosigkeit, und dann kehren auch sie um und verbreiten diese Nachricht überall in Ihrem Körper.

7

Nun können Sie sich mit möglichst vielen Sinnen über Ihren Erfolg freuen.

3. Übung: Beruhigung der Bronchialschleimhäute

Versuchen Sie, mit all Ihren Sinnen Freude über diesen Erfolg zu empfinden.

8

Loben Sie sich selbst! Sie brauchen jetzt Zuspruch, denn Sie haben eine fast unmögliche Aufgabe bewältigt. Sie sind dabei, Ihr Immunsystem umzuprogrammieren. Bekräftigen Sie sich selbst, indem Sie sich auf die Schulter klopfen und sagen: »Das hast Du gut gemacht. Sehr gut sogar!«

9

Bekräftigen Sie Ihre Übungen, indem Sie sich selbst öfters erfolgreich diese Übung durchführen sehen, und wie Sie dann spüren, wie die Entzündungsneigung Ihrer Bronchialschleimhaut abnimmt.

10

Sie können jetzt rückwärts von fünf nach null zählen und die Augen öffnen.

11

Führen Sie kurz die Minimuskelrelaxation durch und spüren die Entspannung, wie sie sich in Ihrem Körper, aber vor allem in der Brust ausbreitet und tiefer und tiefer wird.

So fühlt sich ein Asthmatiker

Wer einmal das Gefühl bei einem Asthmaanfall nachvollziehen will, der sollte einmal versuchen, ein oder zwei Minuten durch einen Strohhalm über den Mund zu atmen und sich dabei die Nase zuhalten. So atmet ein Asthmatiker, so ähnlich fühlt es sich bei einem Asthmaanfall an.

Entspannen Sie Ihre Brustmuskulatur

Diese Atemnot hat ihre Gründe nicht nur in den geschwollenen Schleimhäuten und im verdickten Schleim, der die Atemwege zusetzt; bei einem Asthmaanfall ziehen sich zusätzlich die Muskeln der Bronchien zusammen und verkrampfen. Wenn Sie an Asthma leiden, sollten Sie deshalb die Übung zur Beruhigung der Bronchialschleimhäute durch ein gezieltes Entspannungstraining für die Brustmuskulatur ergänzen.

Dieses Entspannungstraining dient zusätzlich zur Reduzierung der Angst, die oft schon allein einen Anfall auslösen kann, und hilft somit, der Atemnot vorzubeugen.

4. Übung: Entspannung der Brustmuskulatur

1

Nehmen Sie eine bequeme Sitzhaltung ein, und schließen Sie langsam die Augen.

2

Konzentrieren Sie sich einen Moment lang auf Ihren Atem, und begleiten Sie in Gedanken Ihre Atemzüge. Atmen Sie dabei ruhig und gleichmäßig weiter. Ein und aus. Ein und aus. Ganz ruhig und ganz regelmäßig.

Atmen Sie versuchsweise einmal mit dem Bauch, dann wieder mit der Brust, und dann lassen Sie einfach Ihren persönlichen Atemrhythmus zu. Verlassen Sie nun mit Ihrer Konzentration Ihren Atem. Ihr Körper kümmert sich nun selbst darum.

3

Bleiben Sie mit Ihrer Aufmerksamkeit aber weiter im Bereich der Brustmuskulatur.

4

Stellen Sie sich jetzt vor, wie sich Ihre Brust langsam hebt und senkt, wie sie sich wie eine Welle langsam immer wieder hebt und senkt.

Dabei ziehen sich einmal Muskeln zusammen, und sie entspannen sich wieder. Beim Einatmen ziehen sich die Muskeln des Zwerchfells zusammen, und beim Ausatmen entspannen sie sich

wieder. Das gleiche passiert mit anderen Muskelgruppen, die an der Atmung beteiligt sind.

5

Stellen Sie sich nun vor, wie Sie bei körperlicher Anstrengung etwas schneller atmen. Das ist völlig normal, denn unsere Lunge braucht bei Anstrengung etwas mehr Sauerstoff.

Achten Sie unbedingt darauf, einfach regelmäßig weiter zu atmen, ohne sich dabei ablenken zu lassen. Auf und ab, auf und ab.

6

Stellen Sie sich vor, wie die Anstrengung wieder nachläßt, und Sie wieder ruhiger und langsamer atmen können. Auf und ab, auf und ab. Denken Sie dabei an die schönen Meereswellen, die sich langsam und regelmäßig am Strand brechen.

7

Nun können Sie sich mit möglichst vielen Sinnen über Ihren Erfolg freuen. Versuchen Sie, mit all Ihren Sinnen Freude über diesen Erfolg zu empfinden.

Sie haben es geschafft, trotz Anstrengung keinen Atemnotanfall zu bekommen, weil Sie sich nicht verkrampft, sondern entspannt haben. Darüber können Sie sich freuen.

4. Übung: Entspannung der Brustmuskulatur

8

Loben Sie sich selbst! Sie brauchen jetzt Zuspruch, denn Sie haben eine fast unmögliche Aufgabe bewältigt. Sie sind dabei, Ihre Atmung in ihrer natürlichen Funktion zu unterstützen.

Bekräftigen Sie sich selbst, indem Sie sich auf die Schulter klopfen und sagen: »Das hast Du gut gemacht. Sehr gut sogar!«

9

Bekräftigen Sie Ihre Übungen, indem Sie sich dabei zusehen, wie Sie sich bei Belastung dennoch ruhig verhalten können und, obwohl Sie dann etwas schneller atmen, sich aber nicht verkrampfen, sondern ebenso ruhig und gelassen weiter atmen wie sonst, nur etwas schneller. Aber genausogut können Sie Ihre Atemfrequenz mit Hilfe der Entspannungsübung wieder senken.

10

Sie können jetzt rückwärts von fünf nach null zählen und die Augen öffnen.

11

Führen Sie kurz die Minimuskelrelaxation durch und spüren die Entspannung, wie sie sich in Ihrem Körper, vor allem aber in Ihrer Brust ausbreitet.

Wenn das Immunsystem des Guten zuviel tut

Wenn man an Asthma leidet, ist das Immunsystem nicht geschwächt, sondern überaktiv. Es hat verlernt, eingedrungene harmlose Erreger als solche zu erkennen, und schlägt mit seiner geballten Kraft zu. Dies führt zu den bekannten Reaktionen wie geschwollenen Schleimhäuten und verkrampfter Brustmuskulatur. Es kann deshalb nötig sein, das Abwehrsystem zu bremsen.

5. Übung: Dämpfung des Immunsystems bei Autoimmunkrankheiten

1

Nehmen Sie eine bequeme Sitzhaltung ein, und schließen Sie die Augen.

2

Konzentrieren Sie sich einen Moment lang auf Ihren Atem, und begleiten Sie in Gedanken Ihre Atemzüge. Atmen Sie dabei ruhig und gleichmäßig weiter. Ganz ruhig und ganz regelmäßig. Atmen Sie versuchsweise einmal mit dem Bauch, einmal mit der Brust, dann

5. Übung: Dämpfung des Immunsystems bei Autoimmunkrankheiten

lassen Sie einfach Ihren eigenen Atemrhythmus zu.
Verlassen Sie nun mit Ihrer Konzentration Ihren Atem. Ihr Körper kümmert sich selbst darum.

3
Gehen Sie nun mit Ihrer Aufmerksamkeit in Ihren Blutkreislauf und konzentrieren Sie sich auf die dort herumschwimmenden Immunpolizisten, Ihre Immunzellen.

4
Stellen Sie sich jetzt vor, wie Ihre Immunzellen irrtümlicherweise Ihre eigenen Zellen angreifen und zu vernichten suchen. Stellen Sie sich einen Moment lang vor, wie Ihre Immunpolizei versucht, Ihre eigenen Zellen anzugreifen.

5
Nun lernen Ihre Immunzellen das eigene Gewebe als Freund erkennen und es in ihrem (Zell-)Gedächtnis zu speichern. Danach können sie sich wieder auf Ihre eigentliche Aufgabe, nämlich körperfremde Angreifer zu vernichten, konzentrieren.

6
Nun können Sie sich mit möglichst vielen Sinnen über Ihren Erfolg freuen. Versuchen Sie, mit all Ihren Sinnen Freude über diesen wichtigen Lernschritt Ihres Immunsystems zu empfinden. Denn dieser Schritt kann Ihnen das Leben retten oder es zumindest verlängern helfen.

7
Loben Sie sich selbst! Sie brauchen jetzt Zuspruch, denn Sie haben eine fast unmögliche Aufgabe bewältigt. Sie sind dabei, Ihr Immunsystem umzuprogrammieren. Sie helfen Ihren Immunzellen dabei, zwischen wirklich gefährlichen und mehr oder weniger harmlosen Eindringlingen zu unterscheiden.
Bekräftigen Sie sich selbst, indem Sie sich auf die Schulter klopfen und sagen: »Das hast Du gut gemacht. Sehr gut sogar!«

8
Bekräftigen Sie Ihre Übungen, indem Sie sich öfters erfolgreich diese Übung durchführen sehen, und wie Sie dann spüren, wie Ihre Immunzellen immer besser lernen, zwischen fremden und eigenen Zellen zu unterscheiden.

9
Sie können jetzt rückwärts von fünf nach null zählen und die Augen öffnen.

10
Wiederholen Sie kurz die Minimuskelrelaxation und spüren die Entspannung, wie sie sich in Ihrem Körper, aber vor allem in der Brust ausbreitet.

DAS SKELETT UND DIE MUSKULATUR

Knochen und Muskeln geben unserem Organismus Halt. Sie müssen oft starke Belastungen ertragen. In diesem Kapitel lernen Sie den Aufbau des Skeletts und seine Funktionsweise ebenso kennen wie die Möglichkeiten, mit denen Sie Ihre Knochen und Muskeln unterstützen können. Sie können viel mehr tun, als Sie auf den ersten Blick glauben.

Wunderwerk der Körperarchitektur

Unter dem Skelettsystem des Körpers werden hier vor allem die Knochen, aber auch Knorpel, Gelenke und Bänder verstanden. Am Anfang unseres Lebens haben wir mehr Knochen als im Erwachsenenalter. Der Säugling verfügt über etwa 350, während der Erwachsene nur noch etwa 206 Knochen besitzt. Der Sinn dieser Umstrukturierung liegt darin begründet, daß der Mensch als Säugling beim Durchgang durch den Geburtskanal über eine flexible Knochenstruktur verfügen muß, die im Laufe seines Lebens zu einer stabilen, dafür aber weniger beweglichen Struktur zusammenwächst.

Das tragende Element

Wir werden von unserer Wirbelsäule getragen. Sie besteht aus vierundzwanzig Wirbeln sowie dem Kreuz- und dem Steißbein, die fest zusammengewachsen sind. Die Wirbel sind so geformt, daß sie einen Kanal, den sogenannten Wirbelkanal, umschließen, durch den lebenswichtige Nerven, das Rückenmark, laufen. Als Puffer zwischen den Wirbeln befinden sich die Bandscheiben.

Weitere nützliche Hinweise zum Thema »Wirbelsäule« gibt der Gesundheitsratgeber »Rückenschmerzen wirkungsvoll lindern« aus dem Südwest Verlag.

Erkrankungen der Wirbelsäule und der Bandscheiben

Rückenschmerzen

Rückenschmerzen können Signale für verschiedene Erkrankungen sein. Hier kann es zu komplizierten und die differenzierte Diagnose erschwerenden Zusammenhängen kommen: Die Schmerzen können von der Wirbelsäule, von den verschiedenen Bandscheiben, von der betroffenen Muskulatur oder von betroffenen Nervengruppen stammen.
Auch völlig andere Erkrankungen, etwa Herz- und Magenschmerzen, können in den Rücken ausstrahlen.

Verschobene Wirbel

Bei den beweglichen Wirbeln kann es durch unbedachte Dreh-
bewegungen zu einer seitlichen Verschiebung kommen, bei der
Wirbelteile sich verhaken oder überlappen können. Das kann zu
Bewegungseinschränkungen ebenso führen wie zu Schmerzen, die
in den Rücken ausstrahlen.

Hier können entweder der Arzt mit einem chiropraktischen Griff
oder Dehnungs- und Streckungsübungen Abhilfe schaffen.

Überanstrengte Muskeln

Ein schmerzen-
der Rücken geht
im günstigsten
Fall auf einen
harmlosen
Muskelkater
zurück. Tut's
nach einigen
Tagen immer
noch weh, kann
sich hier ein
angehender
Haltungsschaden
bemerkbar
machen.

Durch falsche und verdrehte Haltung, schief gehaltene Wirbel oder
ähnliches kann es zu Beeinträchtigungen der Muskulatur kommen,
die sich in schmerzhaften Verspannungen äußert.

Rückenmuskeln

Wenn Ihnen der Rücken wehtut, kann es sich dabei um einfachen
Muskelkater ebenso handeln wie um Warnzeichen einer beginnen-
den Haltungsschädigung. Ein Muskelkater vergeht nach ein bis
zwei Tagen, eine Haltungsschädigung tritt immer wieder auf.
Krämpfe in der Rückenmuskulatur sind meistens ein Anzeichen für
eine gestörte Durchblutung der Muskeln. Dies kann durch Verspannungen gefördert werden.
Sie können auch durch den Mangel an bestimmten Substanzen –
z. B. an Magnesium – hervorgerufen werden. Sie sollten aber auf
keinen Fall einfach Magnesiumpräparate schlucken, sondern durch
eine ärztliche Untersuchung feststellen lassen, ob bei Ihnen wirklich ein Magnesiummangel vorliegt.

Bauchmuskeln

Die wenigsten Menschen wissen, daß Rückenschmerzen auch
durch zu schlaffe Bauchmuskulatur hervorgerufen werden können.
Heute leiden viele Menschen unter abgeschlafften Bauchmuskeln
und dadurch bedingt auch an Rückenschmerzen. Die Ursachen
hierfür sind außer in ausgeprägtem Bewegungsmangel auch in
Fehlernährung und übermäßigem Alkoholgenuß zu suchen. Kommt
noch eine erbliche Veranlagung hinzu, ist der Bauch perfekt.

Selbsthilfe bei Rückenschmerzen

Bei Rückenschmerzen, die nachweislich zu einem großen Teil auf seelische Probleme zurückgehen können, kann der erste Schritt in Richtung auf eine Verbesserung in der Veränderung der belastenden Lebensbedingungen liegen.

Zusätzlich können Sie Entspannungsübungen für Ihre Muskulatur machen und sie mit Visualisierungen kombinieren.

Auch Rückenschmerzen gehen zum großen Teil auf psychische Probleme zurück – schließlich drückt sich in unserer Haltung unser seelischer Zustand aus.

Nerven – schmerzhaft eingeklemmt

Eine häufige Störung im Bereich der Wirbelsäule kann im Einklemmen bestimmter Nervenbündel liegen, die zwischen den Wirbeln herauskommen. Drücken zwei Wirbel aufeinander und klemmen die entsprechenden dort verlaufenden Nervenbündel ein, so zeigen sich an den entsprechenden Zielorten, die diese Nerven versorgen, Symptome in Form von Druckschmerzen.

Interessant dabei ist, daß diese Schmerzen von dem entsprechenden Zielort ausgehen und nicht von der eingeklemmten Stelle. So kann zum Beispiel die linke Brust- oder Schulterseite stark verspannt sein und schmerzen, oder der Magen scheint Probleme zu machen und die Ursache liegt nicht in Schultern, Brust oder Magen begründet, sondern im eingeklemmten Nerv, der entsprechenden Austrittsstelle an der Wirbelsäule. Hier werden häufig Fehldiagnosen gestellt. Wenn unklare Schmerzbilder vorliegen, sollte man als Patient den Arzt nötigenfalls auf diese Möglichkeit hinweisen.

Mit Gedanken und Gefühlen helfen

Unsere Gedanken und Gefühle beeinflussen das Organsystem Skelett durch bestimmte Einstellungen. So kann zum Beispiel eine rigide Haltung gegenüber Lebensproblemen dazu führen, daß auch das Skelettsystem sich rigide verhält. Körperliche Haltung und seelischer Ausdruck dieser Haltung stehen für ein und dieselbe Einstellung.

Wie Gefühle und körperliche Haltung zusammenhängen

Ängstliche Menschen laufen geduckt und gebeugt durchs Leben. Sie schlagen die Augen nieder, und ihr Rückgrat ist gekrümmt. Die Angst hat sich hier einen deutlich sichtbaren Ausdruck gesucht.

163

Ihre Körperhaltung ist der Spiegel Ihrer Seele! Ein weltoffener, selbstbewußter Mensch hält sich anders als jemand, der vom Schicksal gebeutelt wird.

Sie ziehen den Kopf ein, die Schultermuskeln verhärten sich, der Kopf ist leicht vornüber gebeugt.

Kinder, die ständig angeschrien werden, gewöhnen sich eine zusammengesunkene Haltung an. Sie machen sich aber nicht nur äußerlich klein, sondern sie ziehen sich auch innerlich zurück, um ja nicht zuviel Aufmerksamkeit auf sich zu lenken.

Diese äußere und innere Haltung kann sich dann im Privatleben und im Berufsleben fortsetzen und sich in einer gebückten und verbogenen Haltung manifestieren.

Positive Beeinflussung durch Gedanken und Gefühle

Wie anders stellt sich ein weltoffener, fröhlicher und gelassener Mensch dar? Er strahlt Zufriedenheit auch körperlich aus, wirkt locker und beschwingt. Seine Haltung, die Art, wie er sich bewegt und geht, drückt seine Lebensfreude aus; auch sein Skelett ist in der Regel wesentlich flexibler als das der starren und unbeweglichen Menschen. Wir können so etwas tagtäglich in unserer Umgebung beobachten. Machen Sie einmal den Versuch, aus der Körperhaltung Ihrer Mitmenschen auf ihre seelische Verfassung zu schließen. Vor allem:

Nehmen Sie Ihre eigene Körperhaltung unter die Lupe! Wie halten Sie sich? Wie verkrampft oder entspannt sind Sie? Gibt es bestimmte Bereiche des Knochenbaus, die schon verformt sind?

Die Muskulatur

Ob Sie mit den Augen zwinkern oder einen schweren Gegenstand hochheben, immer sind Muskeln an diesem Vorgang maßgeblich beteiligt.

Wir verfügen über drei Hauptgruppen von Muskeln:
- die willkürlich beweglichen Muskeln
- die unwillkürlich beweglichen Muskeln
- den Herzmuskel

Während die willkürlich bewegten Muskeln der Steuerung unseres Bewußtseins unterliegen und nur auf Befehl des Gehirns in Aktion treten, arbeiten die unwillkürlich bewegten von alleine. Sie halten Körperfunktionen wie Atmung und Verdauung aufrecht, ohne daß wir uns darum kümmern müssen.

Völlig selbständig arbeitet auch der Herzmuskel, der aber wegen seines Aufbaus eine Sonderstellung einnimmt. Darüber hinaus wird er über ein eigenes, völlig autonomes Erregungssystem gesteuert.

Die häufigsten Funktionsstörungen

Eine der am häufigsten vorkommende Muskelstörungen ist der sogenannte »Muskelkater«. Dabei handelt es sich – vermutlich, denn ganz genau ist das wohl noch nicht geklärt – um eine Vielzahl kleinster Muskelfaserrisse, die bei zu starker Dauerbelastung auftreten.

Muskelkrämpfe

Muskelkrämpfe treten hauptsächlich in schlecht durchbluteten Muskelgruppen auf. Ein bekannter Muskelkrampf ist der Wadenkrampf, Folge einer nicht ausreichenden Durchblutung der Beine. In solchen Fällen kann der durch die erhöhte Belastung, etwa beim Leistungssport, vermehrt nötige Sauerstoff nicht herangeschafft werden.

Wer kennt sie nicht: Wadenkrämpfe? Die Ursache ist meist eine unzureichende Durchblutung der Beine bei hoher Belastung.

165

Die Schaufenster-krankheit: ein harmloser Name für eine schlimme Muskel-schwäche.

Arteriosklerose und Muskelleiden

Durch Arteriosklerose bedingt kann es in den unterversorgten Gebieten zu Muskelkrämpfen kommen. Die wohl schlimmste Form solcher Krämpfe ist die sogenannte »Schaufenster-krankheit«. Der Betroffene kann nur noch ein paar Schritte gehen, dann muß er stehen bleiben, bis der unterversorgte Muskel durch die Pause wieder genug Sauerstoff erhalten hat und kann dann weitergehen.

Muskelverspannungen

Muskelverspannungen treten durch Körperhaltungen auf, die nicht dem ordnungsgemäßen Bewegungsablauf entsprechen.

Halten wir uns zum Beispiel ständig in einer vornübergebeugten Position, müssen bestimmte Muskelgruppen diese Haltung ausgleichen. Bleibt diese Haltung bestehen, bleiben auch die Gegenbewegungen bestimmter Muskelgruppen bestehen – sie verkrampfen sich, der Schmerz wird chronisch.

Störungen der Erregungsleitung am Herzmuskel

Hier sind an erster Stelle die Herzrhythmusstörungen zu nennen, die zu einem nicht unbeträchlichen Teil durch Dauerstreß und ständige Überbelastung mit verursacht werden können.

Ähnliches gilt auch für Störungen der unwillkürlich bewegten Muskulatur, z. B. am Darm, Magen oder anderen inneren Organen.

Die wichtigsten Ursachen der Funktionsstörungen

Durchblutungsstörungen entstehen meist durch mangelndes Training der Muskeln oder durch andere Einflüsse wie Arteriosklerose (verengte Arterien durch Ablagerungen). Eventueller Magnesiummangel kann auf Fehlernährung oder Stoffwechselstörungen zurückzuführen sein.

Dauerstreß schlägt aufs Herz

Nervliche Erregungszustände, die durch Überarbeitung und anderen Formen von Dauerstreß verursacht werden, können die glatte und Herzmuskulatur in Mitleidenschaft ziehen.

Verhaltensbedingte Ursachen

Wir verbringen einen großen Teil unserer Zeit in Körperhaltungen, die zu großflächigen Verspannungen führen können. Dauerndes Sitzen mit gebogenem Rücken führt im Laufe der Zeit zu chronischen Haltungschäden, aber ebenso stehende Tätigkeiten, bei denen die Wirbelsäule einseitig überbeansprucht wird oder gebückte Haltungen, zum Beispiel in der Landwirtschaft.

Mit Gedanken und Gefühlen helfen

Die Muskulatur positiv beeinflussen

Während Unterlegenheitsgefühle und Ängste, wenn sie von Dauer sind, eine niedergedrückte Haltung erzeugen, können die entgegengesetzten Gefühle, wie Überlegenheit und Mut, den Haltungsapparat strecken.

Ihre Haltung prägt auch Ihren seelischen Zustand

Eine solche Haltung führt dazu, daß sie über die Rezeptoren an den Knochen und Muskeln wieder zum Gehirn zurückgemeldet wird und dort angenehme Gefühle auslöst, während im umgekehrten Fall die Rückkoppelung negativ ausfällt. So kann man allein über die aufrechte und selbstbewußte Haltung auch seine Gefühle verändern.

Wir verbringen berufsbedingt zuviel Zeit im Sitzen. Sorgen Sie für einen rückengerechten Stuhl und trainieren Sie eine aufrechte Sitzhaltung, um Ihr Kreuz zu entlasten.

Den aufrechten Gang üben

Beobachten Sie sich einmal selbst: Stellen Sie sich vor, wie Sie jemand ganz kräftig die Meinung sagen. Stellen Sie sich dabei fest auf beide Füße und richten Sie sich gerade auf. Sehen Sie Ihrem Gegenüber dabei offen ins Gesicht. Sie werden sich sofort stärker fühlen.

Schon ein einzelner Gedanke kann Wunder wirken

Probieren Sie es aus: Wenn Sie unter Muskelverspannungen leiden und etwas daran ändern wollen, überlegen Sie einmal, welche Überbelastungen Sie durch Veränderung Ihrer Lebensumstände ändern könnten? Nur das Nachdenken über diese Idee kann dazu schon führen, daß die Verspannungen nicht mehr so schmerzen.

So können Sie Schwierigkeiten bei Haltungsproblemen lösen

Wirkt sich Ihre Lebenssituation auf Ihre Haltung aus? Haben Sie sich zuviel aufgeladen? Oder drücken Ihre Probleme Sie nieder?

Der erste Schritt: Welche Einstellung haben Sie zu Haltungsproblemen?
Was haben Ihre Haltungsprobleme zu bedeuten? Sollten Sie sich zuviel aufgeladen haben? Wie stehen Sie dem gegenüber?

Der zweite Schritt: Die genaue Problemdefinition
Überlegen Sie genau, woher Ihre Schwierigkeiten kommen könnten? Schreiben Sie sich alles darüber auf!
Die genaue Situationsanalyse
Machen Sie sich eine genaue Situationsanalyse mit Hilfe einer Selbstbeobachtung. Wann treten die Symptome auf?
Die ungefähre Zielanalyse
Was ist eigentlich Ihr Ziel? Wo wollen Sie genau hin?
Konflikte zwischen Situation und Ziel
Gibt es einen Konflikt zwischen Ihren Zielen und der auslösenden Situation?
Das Problem wird strukturiert
Teilen Sie Ihre Probleme in mehrere Einzelteile auf und sehen sich diese genauer an. Bleiben Sie dabei aber nicht am Symptom kleben, sondern wenden sich den eigentlichen Ursachen zu.

Der dritte Schritt: Welche Alternativen habe ich?
Überlegen Sie genau, welche Alternativen Sie haben.

Der vierte Schritt: Ich entscheide mich für eine Lösung!
Welche Konsequenzen wird das haben?
Ich bewerte die verschiedenen Lösungen
Ich vergleiche die Lösungen untereinander

Der fünfte Schritt: Ich überprüfe später meinen Lösungsweg und die gemachten Erfahrungen
Erfolgreich oder noch einmal von vorne?

So können Sie etwas für Ihren Haltungs- und Bewegungsapparat tun

Gymnastikübungen können als stützende Maßnahme (Rückentraining) die Visualisierungsübungen ergänzen. Wer die notwendige Motivation oder die erforderliche Energie dazu nicht aufbringt, kann sich dazu mit der Übung »Die Motivation stärken« (Seite 77) zusätzliche Power holen.

Übung: Die seelische Unterstützung Ihres Haltungsapparates

1

Nehmen Sie eine bequeme Sitzhaltung ein, und schließen Sie langsam die Augen.

2

Konzentrieren Sie sich einen Moment lang auf Ihren Atem, und begleiten Sie in Gedanken Ihre Atemzüge. Atmen Sie dabei ruhig und gleichmäßig weiter. Ein und aus. Ein und aus. Ganz ruhig und ganz regelmäßig. Atmen Sie versuchsweise einmal mit dem Bauch, einmal mit der Brust, dann lassen Sie einfach Ihren persönlichen Atemrhythmus zu. Verlassen Sie nun mit Ihrer Konzentration Ihren Atem. Ihr Körper kümmert sich selbst darum.

3

Nun gehen Sie mit Ihrer Aufmerksamkeit zu Ihrem gesamten Körper. Stellen Sie sich vor, wie Sie jeden Tag niedergedrückt und eingesunken durch die Gegend laufen. Bleiben Sie einen Moment lang bei dieser Vorstellung.

4

Stellen Sie sich jetzt vor, wie sich Ihre Haltung verändern läßt, wenn Sie Ihre Probleme gelöst hätten und Sie von nichts mehr niedergedrückt werden. Stellen Sie sich vor, wie Sie nach und nach alle Ihre Probleme angehen und sie erfolgreich lösen. Eins nach dem anderen. Sehen Sie sich dabei zu. Sehen Sie sich aufrecht und mutig Ihren Problemen gegenüber. Sie tragen dabei den Kopf hoch und gerade! Sie gehen aufrecht und stolz durchs Leben! Sie sind in Wirklichkeit einige Zentimeter größer, als Sie bisher glaubten.

5

Stellen Sie sich nun vor, wie Sie Ihr Kreuz durchdrücken. Wie sich Ihre Rückenmuskulatur stärkt, um Ihre Wirbelsäule zu stützen.

6

Sie stehen dabei mit beiden Füßen fest auf der Erde. Spüren Sie dabei Ihre Füße. Spüren Sie, wie Sie fest und si-

169

Übung: Die seelische Unterstützung ihres Haltungsapparates

cher tragen. Spüren Sie auch Ihre Wirbelsäule, wie sie Sie fest und sicher durch das Leben geleitet. Spüren Sie Ihre Rückenmuskeln, wie diese Ihr Kreuz stabilisieren und es Ihnen ermöglichen, aufrecht und mit geradem Blick allen Gefahren ins Auge zu sehen!

7

Nun können Sie sich mit möglichst vielen Sinnen über Ihren Erfolg freuen. Versuchen Sie, mit all Ihren Sinnen Freude über diesen Erfolg zu empfinden. Sie stellen sich nun dem Leben und tun das aufrecht und gerade! Das allein ist ein Grund, sich zu freuen. Was glauben Sie, wie gut das Ihren gequälten Muskeln und Knochen tut.

8

Loben Sie sich selbst! Sie brauchen jetzt Zuspruch, denn Sie haben eine fast unmögliche Aufgabe bewältigt. Sie sind dabei, Ihre gesamte Einstellung zu ändern. Bekräftigen Sie sich darin, indem Sie sich selbst auf die Schulter klopfen und sagen: »Das hast Du gut gemacht. Sehr gut sogar!«

9

Bekräftigen Sie Ihre Übungen, indem Sie sich selbst öfters erfolgreich diese Übung durchführen sehen, und wie Sie spüren, wie Ihr Gang dabei immer aufrechter wird.

10

Sie können jetzt rückwärts von fünf nach null zählen und die Augen öffnen.

11

Führen Sie die Minimuskelrelaxation durch und spüren die Entspannung, wie sie sich in Ihrem Körper, aber vor allem im Rückenbereich ausbreitet.

Die Visualisierung des aufrechten Ganges

Sie können die letzte Übung leicht zur Visualisierung eines gesteigerten Selbstbewußtseins abändern, indem Sie nach Punkt sechs diesen Übungsteil einfügen:

Sie sehen sich dabei zu, wie Sie aufrecht und stark durchs Leben gehen. Sehen Sie sich in Gedanken dabei zu. Denken Sie sich Beispiele aus, wo Sie diesen aufrechten Gang einüben können, wo Sie dem Leben endlich einmal die Stirn zeigen können! Stellen Sie sich in verschiedenen Situationen vor, zum Beispiel zu Hause, gegenüber Ihrem Partner, gegenüber Ihren Kindern, gegenüber Ihrem Chef. Den Problemen, die Ihnen das Leben stellt, sehen Sie gerade und aufrecht entgegen!

Übung: Stärkung der Hauptmuskelgruppe im Rücken

1

Nehmen Sie eine bequeme Sitzhaltung ein, und schließen Sie die Augen.

2

Konzentrieren Sie sich auf Ihren Atem, und begleiten Sie in Gedanken Ihre Atemzüge. Atmen Sie dabei ruhig und gleichmäßig weiter. Ganz ruhig und ganz regelmäßig. Atmen Sie versuchsweise einmal mit dem Bauch, einmal mit der Brust, dann lassen Sie einfach Ihren persönlichen Atemrhythmus zu.

3

Nun gehen Sie mit Ihrer Aufmerksamkeit zu Ihrem Rücken. Stellen Sie sich vor, wie Ihre Rückenmuskulatur dort schlaff und schwach vor sich hin vegetiert. Bleiben Sie einen Moment lang bei dieser Vorstellung.

4

Stellen Sie sich jetzt vor, wie sich Ihre Haltung verändert, wenn Sie Ihre Muskeln stärken und sie so stark machen, daß sie Ihre Wirbelsäule und Ihr Körpergewicht leicht tragen könnten.

5

Stellen Sie sich nun vor, wie Sie jeden Tag Ihre Rückenmuskeln beschäftigen, um sie zu kräftigen. Stellen Sie sich vor, wie Ihre Rückenmuskeln Tag für Tag stärker und kräftiger werden, wie sie immer besser in Form kommen. Wie sich Ihre Rückenmuskulatur stärkt, um Ihre Wirbelsäule zu stützen.

6

Nun können Sie sich mit möglichst vielen Sinnen über Ihren Erfolg freuen. Versuchen Sie, mit all Ihren Sinnen Freude über diesen Erfolg zu empfinden. Sie stellen sich nun dem Leben und tun das aufrecht und gerade! Das allein ist ein Grund sich zu freuen. Was glauben Sie, wie gut das Ihren gequälten Muskeln und Knochen tut.

7

Loben Sie sich selbst! Sie brauchen jetzt Zuspruch, denn Sie haben eine fast unmögliche Aufgabe bewältigt. Sie sind dabei, Ihre gesamte Einstellung zu ändern. Bekräftigen Sie sich selbst, indem Sie sich selbst auf die Schulter klopfen und sagen: »Das hast Du gut gemacht. Sehr gut sogar!«

8

Sie können jetzt rückwärts von fünf nach null zählen und die Augen öffnen.

9

Führen Sie die Minimuskelrelaxation durch und spüren die Entspannung, wie sie sich in Ihrem Körper ausbreitet.

171

DIE ATMUNG

Unsere Atemwegsorgane,
Nase und Mund, Rachen
und Kehlkopf, Luftröhre,
Bronchien und Lunge
versorgen uns mit dem
lebenswichtigen
Sauerstoff. Von ihm hängt
die Energiegewinnung
unserer Zellen ab. Ohne
Sauerstoff kein Leben!
Störungen aus der
Umwelt, ob als
Schadstoffe oder als
Stressoren, können eine
optimale Sauerstoff-
aufnahme beeinträchti-
gen und damit unsere
Lebensqualität mindern.

So ist unser Atemwegssystem aufgebaut

Von der Nase in die Lunge

Die Atemwegsorgane sind Nase, Nasennebenhöhlen, Mund, Rachen, Kehlkopf, Luftröhre, Bronchien und Lunge. Über unsere Nase stehen wir mit der Umwelt in direktem Kontakt. Wir atmen die Luft ein, die uns umgibt, (und damit auch alle Schadstoffe, die in der Atemluft enthalten sind).

Kaum ein anderer Organkomplex unseres Körpers – von der Haut einmal abgesehen – steht in so engem Kontakt zu unserer Umwelt wie das Atmungssystem. Kein Wunder, daß es unter Umweltgiften extrem leiden muß.

Die Nase – nicht nur zum Riechen

Die Nase besteht aus Knochen und Knorpel, die in ihrem Innern mit empfindlichen Schleimhäuten überzogen sind. Der Naseneingang ist mit Härchen ausgestattet. Sie sollen grobe Staubteilchen aus der Luft filtern. Im hinteren Teil, dem Nasendach, befinden sich auf der Schleimhaut die Riechsinneszellen. Beim Schnupfen sind sie mit zähem Schleim überzogen.

Durch die Schleimhäute wird die eingeatmete Luft angefeuchtet, angewärmt und gefiltert.

Im hinteren Teil des Rachens sind Nasengänge und Mundhöhle miteinander verbunden. So können wir durch Mund und Nase atmen.

Die Luftröhre

Die Luftröhre schließt an den Rachenraum an und leitet die eingeatmete Luft über die Lungenflügel bis in die kleinsten Bronchialäste. Sie besteht hauptsächlich aus beweglichen Knorpelspangen, die sich gegeneinander verschieben können. Sie stützen das elastische Luftröhrengewebe und halten es offen.

Die Luftröhre ist ca. 15 Zentimeter lang und gabelt sich in der Höhe des vierten Brustwirbels in die beiden Bronchienäste. Sie ist wie das Naseninnere mit Schleimhaut und zusätzlich mit Flimmerhärchen überzogen und kann auf diese Weise weitere Fremdkörper aus der Atemluft filtern.

Die Lunge – Luftwerk im Brustkorb

Die beiden Lungenflügel nehmen den größten Teil des Brustraums ein. Sie sind nicht gleich groß, da das linksgelegene Herz einen Teil des Raumes einnimmt.

Die Lungen bestehen aus einem weitverzweigten Röhrennetzwerk. Die Bronchien verzweigen sich immer feiner, bis in die Lungenbläschen. Diese enden in kleinsten Luftsäckchen, den Alveolen. Die Lungenarterien und -venen folgen den Bronchien und umspinnen sie als feinstes Netzwerk aus Haargefäßen, den sogenannten Kapillaren.

Das Atmen ist eine lebensnotwendige Selbstverständlichkeit, die uns erst bei Störungen auffällt. Für ein reibungsloses Funktionieren sorgt ein ausgeklügelter Mechanismus der Lungenflügel.

Aufwendige Technik

Die Lungenmechanik funktioniert folgendermaßen: Lungenoberfläche und Brustwand sind mit Membranen überzogen, dem Lungen- und Rippenfell. Sie liegen flach aufeinander und gehen an der Lungenbasis ineinander über. Der dabei entstehende Spalt ist mit Flüssigkeit gefüllt.

Der Flüssigkeitsfilm wirkt ähnlich wie bei zwei Glasscheiben, die man anfeuchtet und gegeneinander drückt. Man kann sie dann nicht mehr auseinander bekommen, außer man schiebt sie in Längsrichtung auseinander. Abheben kann man sie durch den Flüssigkeitsfilm nicht mehr!

Die Hauptarbeit beim Atmen wird vom Zwerchfell geleistet. Durch sein Zusammenziehen und Ausdehnen wird das Lungenvolumen verändert.

Lungenschmerzen gibt es nicht

Die Lungen haben keine Schmerzrezeptoren. Haben Sie Brustschmerzen, wird es nicht die Lunge sein, sondern das Brustfell (Pleura). Die Schmerzen entstehen dann beim Aufeinanderreiben der Membranen des Brustfells.

Die häufigsten Funktionstörungen

Erkrankungen der Atemwege stehen an dritter Stelle der häufigsten Volkskrankheiten. Seit Jahren wird eine kontinuierliche Zunahme dieser Erkrankungen beobachtet, vor allem bei Kindern.

Die häufigsten Lungenkrankheiten sind:

- Bronchitis
- chronische Bronchitis
- Asthma bronchiale
- Lungenentzündung
- Lungenkrebs

Die wichtigsten Ursachen der Funktionsstörungen

Ob die Veranlagung zu einer Lungenkrankheit zum Ausbruch kommt, hängt immer von zivilisatorischen Faktoren ab.

Luftschadstoffe wie Stickoxide stehen hier an erster Stelle. Sie kommen als Verbrennungsprodukte der Industrie, der Haushalte oder der Autos vor, oder gelangen beim Rauchen in die Atemwege. Andere verhaltensbedingte Ursachen sind die Konflikte auf der emotionalen Ebene. Diese sind zwar nicht in der Lage, allein eine Erkrankung auszulösen, können aber im Verein mit den anderen Faktoren krankheitserregend wirken.

Unsere Gedanken und Gefühle spielen hier wie so oft eine ganz besondere Rolle.

Autoverkehr und Industrieabgase verpesten die Luft. Die Folge ist eine erhöhte Anfälligkeit für Asthma und andere Atemwegserkrankungen.

175

Mit Gedanken und Gefühlen eingreifen

Jeder weiß, wie leicht bestimmte gefühlsbetonte Situationen unsere Atmung beeinflussen können. Man hält vor Schreck einen Augenblick lang die Luft an oder atmet danach tief durch. Auch in Streßsituationen wird oft die Luft angehalten. Bei Aufregung kann sich die Atemfrequenz verändern – wir atmen schneller. Bestimmte Gedanken können die Atmung positiv und andere negativ beeinflussen. Mit den Gefühlen verhält es sich ähnlich.

Negative Beeinflussung

Bestimmte Gedanken können Angst auslösen. Ängste lösen Verkrampfungen aus, und wer verkrampft ist, atmet flach. Es kommt also weniger Luft und damit Sauerstoff in den Bronchien an. Dies kann im normalen Alltag mehrfach passieren, ohne daß gesundheitliche Folgen auftreten. Erst wenn sich solche Vorgänge häufen, wenn sie gar chronisch werden, dann beeinträchtigt es die Lungenfunktion.

Asthma und die Angst

Bei Atemwegserkrankungen wie der chronischen Bronchitis oder dem Asthma bronchiale spielen Gedanken und Gefühle und deren Einfluß auf die Muskulatur der Lunge eine große Rolle. Atemnotanfälle sind meistens mit Angst, ja oftmals Panik verbunden. Dadurch verkrampfen sich die Muskeln, und es kann noch weniger Luft in die verengten Bronchien.

Das Atemwegssystem ist der beste Kandidat für Entspannungsübungen. Ein ruhiger, rhythmischer Atem ist Teil der Übung und gleichzeitig ihr Ziel.

Positive Beeinflussung

Hier können Entspannungs- und Atemübungen sofort Abhilfe schaffen. Wer sich vorstellt, wie seine Lungen sich weiten, wie die Muskeln sich dehnen, der kann solche Prozesse positiv beeinflussen. Aber auch wenn wir nicht an einer Atemwegserkrankung leiden, merken wir, daß wir tief und entspannt atmen, wenn wir gute Laune haben. Da wir hier über die Gefühle und Gedanken eine direkte Möglichkeit haben, auf Körperfunktionen einzuwirken, sollten wir uns mit den verschieden Selbsthilfemöglichkeiten intensiv befassen. Die entsprechenden Übungen zur Lunge finden Sie wegen des engen Zusammenhanges zum Immunsystem dort auf Seite 155ff.

So können Sie Ihre Schwierigkeiten bei Atemproblemen lösen

Der erste Schritt: Welche Einstellung haben Sie zu Atemproblemen?
Was haben Ihre Atemprobleme zu bedeuten? Wie stehen Sie ihnen gegenüber? Was schnürt Ihnen die Luft ab? Was bedrängt Sie so, daß Ihr Atem schneller geht?

Der zweite Schritt: Die genaue Problemdefinition
Überlegen Sie genau, woher Ihre Schwierigkeiten kommen könnten? Schreiben Sie sich alles darüber auf!
Die genaue Situationsanalyse
Machen Sie sich eine genaue Situationsanalyse mit Hilfe einer Selbstbeobachtung. In welchen Situationen treten die Symptome auf?
Die ungefähre Zielanalyse
Was ist eigentlich Ihr Ziel? Wo wollen Sie genau hin?
Bestehen Konflikte zwischen Situation und Ziel?
Gibt es einen Konflikt zwischen Ihren Zielen und der auslösenden Situation?
Das Problem wird strukturiert
Teilen Sie Ihre Probleme in mehrere Einzelteile auf und sehen sich diese genauer an. Bleiben Sie dabei aber nicht am Symptom kleben, sondern wenden sich den eigentlichen Ursachen zu.

Seelische Probleme und Atemwegserkrankungen: Was nimmt Ihnen die Luft? Was hetzt Sie übermäßig?

Der dritte Schritt: Welche Alternativen habe ich?
Überlegen Sie genau, welche Alternativen Sie haben. Sammeln Sie diese und schreiben sie auf!

Der vierte Schritt: Ich entscheide mich für eine Lösung!
Welche Konsequenzen wird das haben?
Ich bewerte die verschiedenen Lösungen
Ich vergleiche die Lösungen untereinander

Der fünfte Schritt: Ich überprüfe später meinen Lösungsweg und die gemachten Erfahrungen
Erfolgreich oder noch einmal von vorne?

DIE HAUT

Unsere Haut umgibt den Körper wie eine Schutzhülle. Sie sorgt dafür, daß wir nicht austrocknen, uns nicht überhitzen oder es uns zu kalt wird. Sie schützt uns vor der Sonneneinstrahlung, und sie hält uns zusammen.

Aber die Haut ist auch eines der Kontaktorgane, mit dem wir mit unserer Umwelt direkt in Verbindung stehen. Sie reagiert daher auch sehr sensibel auf Störungen in diesem Bereich.

Schutz vor der Umwelt – Kontakt mit der Umwelt

Unsere Haut (Cutis) besteht aus zwei Hauptteilen: Epidermis (Oberhaut) und Corium oder Dermis (Lederhaut). Die Oberhaut besteht wiederum aus verschiedenen Zellschichten, deren unterste Schicht »Mutterzellschicht« oder »Regenerationsschicht« genannt wird, weil hier ständige Zellteilungen stattfinden, bei denen unsere Haut sich regeneriert. Diese Zellen wandern zur Oberfläche, werden flacher und sterben schließlich ab. Sie werden dann als Schuppen abgestoßen. Auf diese Weise erneuert sich unsere Haut ständig.

Die Haut – eine sensible Hülle

In den verschiedenen Hautschichten befinden sich Schmerz-, Druck-, Berührungs-, Wärme- und Kälterezeptoren; Pigmentzellen, Schweißdrüsen, Haarwurzeln, Haarmuskeln und Haarschaft, arterielle und venöse Gefäße zur Versorgung der Haut.
Die Haut ist an erster Stelle Hülle, um unseren Körper vor Austrocknung, Sonneneinstrahlung und Temperaturschwankungen zu schützen. Darüber hinaus ist sie ein hochsensibles Sinnesorgan.

Die häufigsten Funktionstörungen

Bei den verschiedenen Erkrankungen der Haut steht bei Kindern an erster Stelle die sogenannte Neurodermitis, die schon im Namen mit dem Wort »Neuro« (seelisch) den Zusammenhang zwischen seelischem Erleben und Haut zum Ausdruck bringt. Von dieser Hauterkrankung sind nach Angaben von Experten etwa zwischen vier bis 13 Prozent aller Kinder betroffen.

Die wichtigsten Ursachen der Funktionsstörungen

Trotz des Hinweises im Namen, der den engen Zusammenhang zwischen seelischem Erleben und der Haut deutlich machen soll, handelt es sich um eine Erkrankung mit einem hohen erblichen Anteil.

Haben Sie eine »dünne Haut« oder ein »dickes Fell«? Der Volksmund weiß schon lange um den Zusammenhang zwischen Lebensumständen und unserer Körperhülle.

179

Kleinkinder nehmen ihre Umwelt in hohem Maß über Hautkontakte wahr. Wenn hier etwas schief läuft, sind psychische Probleme und Hautkrankheiten oft für den Rest des Lebens garantiert.

Verhaltensbedingte Ursachen

Die Haut ist das erste Organ, mit dem der junge Mensch als Säugling mit seiner Umwelt kommuniziert. Zärtlichkeit findet in diesem frühen Stadium vornehmlich über Hautkontakt statt. Wenn dieser Kontakt gestört ist, kann es zu schweren Beeinträchtigungen im seelischen Erleben von Kindern kommen.

Verstärktes Sonnenbaden trocknet die Haut aus, sie altert früher, und die Krebsneigung nimmt zu.

Eine falsche Ernährung kann zu bestimmten Mangelschäden der Haut ebenso führen, wie zu wenig Trinken.

Schadstoffe greifen die Haut an

Außerdem nehmen – bedingt durch eine immer mehr belastete Umwelt – die allergischen Hauterkrankungen rapide zu. Mehr als 30 Prozent aller Kinder mit Neurodermitis leiden zum Beispiel zusätzlich noch unter einer allergischen Hautreaktion.

Mit Gedanken und Gefühlen helfen

Seelische Probleme wie Aufregung und Ärger können zu massivem Aufflackern der schon vorhandenen Hautstörungen führen.

Ängste können bei entsprechend vorgeschädigten und veranlagten Kindern zu schwerem Juckreiz führen. Sogar die Angst vor dem Juckreiz selbst kann den Vorgang auslösen. Konflikte mit den Eltern oder Geschwistern, mit Lehrern oder Mitschülern können ebenfalls akute Schübe auslösen. Es liegt also nahe, in diesem sensiblen Prozeß mit psychologischen Mitteln einzugreifen und zu versuchen, Ängste und Streß weitgehend abzubauen.

Positive Beeinflussung

Eine entspannte Atmosphäre in der Familie kann dazu beitragen, diese Schübe zu vermindern oder gar zu verhindern. Entspannungsübungen, wie sie im Kapitel »Ruhig und gelassen« (Seite 24) beschrieben sind, können mit Kindern unter der Anleitung der Eltern durchgeführt und eingeübt werden, so daß die betroffenen Kinder in die Lage versetzt werden, sich bei kleinen oder großen Streßepisoden selbst zu beruhigen und damit eventuell einen akuten Schub zu verhindern.

So können Sie Ihre Schwierigkeiten bei Hautproblemen lösen

Der erste Schritt: Welche Einstellung haben Sie zu Hautproblemen?
Was haben Ihre Hautprobleme zu bedeuten? Was rückt Ihnen zu sehr »auf die Pelle«? Was könnten Ihnen diese Schwierigkeiten klar machen wollen?

Der zweite Schritt: Die genaue Problemdefinition
Überlegen Sie genau, woher Ihre Schwierigkeiten kommen könnten? Schreiben Sie sich alles darüber auf!
Die genaue Situationsanalyse
Machen Sie sich eine genaue Situationsanalyse mit Hilfe einer Selbstbeobachtung. In welchen Situationen treten die Symptome auf?
Die ungefähre Zielanalyse
Was ist eigentlich Ihr Ziel? Wo wollen Sie genau hin?
Bestehen Konflikte zwischen Situation und Ziel?
Gibt es einen Konflikt zwischen Ihren Zielen und der auslösenden Situation?
Das Problem wird strukturiert
Teilen Sie Ihre Probleme in mehrere Einzelteile auf und sehen sich diese genauer an. Bleiben Sie dabei aber nicht am Symptom kleben, sondern wenden sich den eigentlichen Ursachen zu.

Eine genaue Situationsanalyse ist für die anschließende Übung Voraussetzung.

Der dritte Schritt: Welche Alternativen habe ich?
Überlegen Sie genau, welche Alternativen Sie haben. Sammeln Sie diese und schreiben Sie sie auf!

Der vierte Schritt: Ich entscheide mich für eine Lösung!
Welche Konsequenzen wird das haben?
Ich bewerte die verschiedenen Lösungen
Ich vergleiche die Lösungen untereinander

Der fünfte Schritt: Ich überprüfe später meinen Lösungsweg und die gemachten Erfahrungen
Erfolgreich oder noch einmal von vorne?

DAS HERZ-KREISLAUF-SYSTEM

Das Herz-Kreislauf-System setzt sich aus dem Blut, dem Herzen und dem Gefäßsystem zusammen. Das Blut dient nicht nur dem Transport von Nährstoffen und Gasen, sondern auch der Informationsübermittlung durch den Hormontransport von den endokrinen Drüsen zum Wirkorgan. Vielfältige Erkrankungen des Gefäßsystems können unser Leben bedrohen, sind aber auch, bis auf wenige Endstadien, durch Änderung der Lebensgewohnheiten heilbar.

Alles in geregelten Bahnen ...

Der Stoff, aus dem das Leben ist

Die Aufrechterhaltung der Blutzirkulation ist lebensnotwendig. Ohne sie läuft nichts. Von der Wiege bis zur Bahre wird vom Herz das Blut durch unseren Organismus gepumpt. Dabei führt es Nährstoffe mit sich und versorgt die Zellen unseres Körpers. Es liefert den Körpergeweben Sauerstoff, ohne den sie nicht auskommen können, und andere lebenswichtige Substanzen. Es führt Kohlendioxide und Stoffwechselabbauprodukte mit sich und sorgt dafür, daß sie von den dafür zuständigen Organen ausgeschieden werden.

Aber das ist bei weitem nicht alles! Durch verschiedene Bestandteile sorgt das Blut für die Abwehr verschiedenster Krankheitserreger. Durch die Blutgerinnung schließt es die meisten Verletzungen.

Ohne jede Unterbrechung wird Blut durch unseren Körper gepumpt. Dabei werden Nährstoffe zugeführt und Schadstoffe abtransportiert.

Woraus besteht das Blut?

Blut ist nicht nur eine Flüssigkeit. Durch seine Dicke kommt es fast einem Gewebe gleich. Sie entsteht durch den Gehalt von Millionen Blutzellen. Das Blut besteht aus Blutplasma, einer farblosen Flüssigkeit, in der Erythrozyten (rote Blutkörperchen), Leukozyten (weiße Blutkörperchen) und Trombozyten (Blutplättchen) schwimmen.

Als Flüssigkeit kann es durch die Wände der feinsten Gefäße, die Kapillaren, diffundieren (hindurchtreten). Auf diese Weise tritt es mit der Zwischenzellflüssigkeit, die jede Körperzelle umspült, in Verbindung und versorgt sie mit den entsprechenden Nährstoffen und anderen Substanzen.

Welche Aufgabe hat das Blutplasma?

Das Blutplasma transportiert die wichtigsten Energielieferanten des Körpers, nämlich Glukose (eine Zuckerverbindung) und freie Fettsäuren. Dazu kommen das für den Aufbau des Blutfarbstoffs Hämoglobin notwendige Eisen und noch eine ganze Anzahl von Hormonen, die von den endokrinen Drüsen über das Blut zu ihren

Wirkorganen transportiert werden. Dabei führt es mit den Hormonen auch die entsprechenden Informationen für die Funktion dieser Stoffe mit sich.

Die Trombozyten (Blutplättchen)

Trombozyten sind die kleinsten Zellen im Körper. Als Vergleich für ihre Größe muß man sich vorstellen, daß auf einen Milliliter Blut etwa 250 000 000 Blutplättchen kommen. Daß wir davon so viele haben, hat seinen Grund: Bei einer Verletzung verschließen die Blutplättchen die Öffnung.

Die Erythrozyten (rote Blutkörperchen)

Eine Vielzahl unterschiedlicher Zellen in unserem Blut sorgt dafür, daß es seine verschiedenen Aufgaben erfüllen kann.

Sie sind eines der wichtigen Transportsysteme unseres Körpers. Sie befördern den eingeatmeten Sauerstoff zu den Geweben und das dort entstehende Kohlendioxid zur Lunge zurück. Dort wird es durch Ausatmung eliminiert.

Bei der Herstellung der roten Blutkörperchen spielt die Ernährung eine wichtige Rolle. Der Körper benötigt für die Herstellung hauptsächlich die Substanzen Eisen, Vitamin B 12, Folsäure und Eiweiß. Der Hauptherstellungsort der roten Blutkörperchen ist das Knochenmark.

Die Leukozyten (weißen Blutkörperchen)

Sie unterscheiden sich nicht nur in der Form und im Aufbau von den roten Blutkörperchen, sondern auch in ihren wichtigsten Funktionen.

Leukozyten können sich durch ihre unterschiedliche Form im Blutkreislauf je nach Bedarf anders fortbewegen und so ihrer Aufgabe – der Krankheitsabwehr – unabhängig vom Blutfluß nachkommen.

Man unterscheidet drei Hauptformen: Granulozyten, Lymphozyten und Monozyten (siehe auch Das Immunsystem, Seite 142). Eingedrungene Krankheitserreger werden von ihnen als fremd erkannt und angegriffen. Einige von ihnen setzen Substanzen frei, die die Eindringlinge zerstören. Bei größeren Infektionsherden entsteht dabei Eiter als Abbauprodukt, der aus abgestorbenen Erregern, Zellbestandteilen, Leukozyten und Enzymen besteht.

Wenn die Blutpolizei des Guten zuviel tut
Bestimmte Granulozyten setzen Substanzen wie zum Beispiel Histamin frei – und fördern damit bei Überproduktion allergische Reaktionen (siehe hierzu Asthma bronchiale auf Seite 176). Andere setzen die Blutgerinnung herab und verhindern so die Entstehung von Blutgerinnseln.

Die Lymphozyten
Lymphozyten verleihen dem Körper Immunität gegen bestimmte Erkrankungen. Das geschieht hauptsächlich durch die Bildung bestimmter Antikörper. Außerdem produzieren sie noch eine ganze Reihe von Substanzen, die verhüten können, daß der Körper von einer Invasion von Krankheitserregern überschwemmt wird.

Die Monozyten
Sie können Krankheitserreger im wahrsten Sinne des Wortes auffressen, das heißt: sie nehmen sie in ihren Zellkörper auf und transportieren sie ab. Gemeinsam mit anderen Blutzellen werden sie bei Entzündungen des Gewebes und Immunreaktion aktiv.

Außer für den Transport von Sauerstoff und die Entsorgung von Abbauprodukten sorgen Blutbestandteile für die Abwehr von Krankheitserregern.

Das Gefäßsystem

Die Gefäße unseres Körpers gleichen einem gigantischen Röhrensystem, allerdings mit einigen besonderen Eigenschaften. Im Gegensatz zu einem normalen, technischen Röhrensystem können sie je nach Bedarf sogar ihren Umfang und damit die Fließgeschwindigkeit verändern.
Gegen diese Flexibilität sind technische Röhren, wie zum Beispiel bei der Heizung, primitiv. Trotzdem kann man diesen Vergleich benutzen, um sich zum Beispiel Störungen oder Erkrankungen dieses Systems einfacher klar zu machen und die dabei vonstatten gehenden Abläufe besser verstehen.

Zwei Kreisläufe und ihre Aufgaben
Unser Organismus verfügt über zwei teilweise miteinander verbundene, teilweise getrennte Kreislaufsysteme, die im Herzen zusammenkommen.

Der arterielle Kreislauf

Die Arterien gewährleisten den Wegfluß des Blutes vom Herzen. Während der Ausstoßphase des Blutes aus dem Herzen müssen sie flexibel nachgeben und weiten sich dabei. Beim Zusammenziehen pressen sie das Blut weiter. Das heißt, sie sorgen für einen kontinuierlichen Blutstrom.

Arterien besteht aus mehreren Schichten, die unterschiedlich elastisch sind, aus Membranen, Muskeln und Bindegewebe. Innen sind die Arterien mit einer glatten Wand, dem sogenannten Endothel, ausgekleidet.

Der venöse Kreislauf

Die Venen sind zwar grundsätzlich ähnlich aufgebaut, haben aber unterschiedlich starke Schichten. So ist zum Beispiel das Muskelgewebe der Venen nicht so kräftig wie das der Arterien. Außerdem haben Venen innen Klappen, die den Rückfluß des Blutes gewährleisten sollen.

Der venöse Kreislauf sorgt für den Rücktransport des Blutes zum Herzen hin. Das Blut ist nun mit Kohlendioxid angereichert. Es wird von der rechten Herzkammer aus in den Lungenkreislauf gebracht. Dort wird das Kohlendioxid abgebaut, das Blut wird wieder mit Sauerstoff angereichert und dem Herzen zugeführt. Der Kreislauf beginnt von vorn.

Das Herz

Das menschliche Herz ist ein muskulöses Hohlorgan mit mehreren Kammern und einem ausgetüftelten Klappensystem. Es wiegt beim Erwachsenen etwa 350 Gramm. Das männliche Herz ist etwas größer als das weibliche.

Lebenswichtiges Organ

Das Herz hat die Aufgabe, das Blut durch zwei getrennte Kreisläufe zu pumpen. Es gelangt zunächst von der linken Herzkammer in die Aorta (die Hauptschlagader), von dort in die Arterien und Arteriolen und dann in die Kapillaren der verschiedenen Körpergewebe.

Dort findet der Austausch zwischen den im Blut enthaltenen Nährstoffen und Sauerstoff gegen Stoffwechselprodukte und Kohlendioxid statt.

Die häufigsten Funktionstörungen

Natürlich kann ein derart komplexes System wie das Herz-Kreislauf-System eine ganz Reihe der unterschiedlichsten Funktionsstörungen aufweisen, aber anders als andere Körpersysteme ist es nicht so leicht durch äußere Einflüsse zu beeinträchtigen.

Zwar kann sich die Herzfrequenz durch Stressoren verändern, aber sie reguliert sich selbst und findet durch Rückkopplung zu einem normalen Rhythmus zurück.

... den Abtransport des Kohlendioxids zur Lunge besorgt der venöse Kreislauf.

Erst über Jahre langanhaltende Schädigungen der verschiedenen Einzelsysteme des Herz-Kreislaufs führen zu massiven Funktionsstörungen oder Erkrankungen. Dann allerdings ist Vorsicht und Umsicht geboten, um aus diesen Zuständen wieder herauszukommen.

Heilung ist möglich!
Aber keine Angst! Selbst bei schwersten Störungen gibt es Hoffnung, wenn bestimmte Spielregeln eingehalten werden. Und wenn man diese schon vorher berücksichtigt, kann man solche Gesundheitsstörungen und Erkrankungen ohne weiteres verhindern.

Erkrankungen des Herz-Kreislauf-Systems

Ist das Herz geschädigt, sind zentrale Lebensfunktionen gefährdet. Es versteht sich von selbst, daß man beim ersten Anzeichen von Herzerkrankungen zunächst den Arzt aufsucht, bevor man sich Gedanken über Selbsthilfemöglichkeiten macht.

Wichtige Symbolik

Auf der anderen Seite sollte man die symbolische Seite des Herzens als Sitz der Gefühle nicht unterschätzen, auch wenn Gefühle in Wahrheit ebenso wie vieles andere im Kopf, bzw. im Gehirn entstehen. Das »Fühlen« im Herzen ist eine sekundäre

Folge der Hirntätigkeit. Wir können aber das Vorkommen bestimmter Gefühlsqualitäten im Herzbereich oder eben ihr Fehlen auch als diagnostische Hilfe ansehen.

Der Einfluß von Gefühlen auf Herz-Kreislauf-Erkrankungen

Die permanente Ausschüttung von Streßhormonen erhöht den Blutdruck und belastet damit das gesamte Kreislaufsystem. Wer ständig »unter Druck steht«, also viel und schnell arbeitet, wer sich ständig überlastet und zuviel zumutet, bringt seinen Körper dazu, Streßhormone, wie zum Beispiel Adrenalin, auszuschütten und so verschiedene Körperprozesse in Gang zu bringen, die das Herz auf Dauer schädigen können.

Die Herzarterien ziehen sich zusammen, der Blutdruck und die Pulsfrequenz steigen, andere Lebensfunktionen, wie Verdauung und Sexualität, werden herabgesetzt, damit sie nicht unnötige Energie abziehen, die der Körper für diese »Notfallreaktion« braucht. Wenn aber aus der einmaligen Notfallreaktion ein Dauerzustand wird, kommt es zu vielfältigen Gleichgewichtsstörungen im Organismus.

Risikofaktoren für Herzerkrankungen
- Erhöhter Blutdruck
- Zuviel Fettstoffe im Blut (Cholesterin)
- Rauchen
- Diabetes
- Übergewicht
- Männliches Geschlecht
- Vererbung
- Bewegungsmangel
- Überarbeitung

Hypertonie

Der Bluthochdruck ist die typische Ausdrucksform einer solchen Gleichgewichtsstörung – das Herz und der Kreislauf werden dauernd überbelastet.

Bluthochdruck macht normalerweise keinerlei Beschwerden. Nur wenn er extrem erhöht ist, treten Kopfschmerzen, Herzklopfen oder ähnliches auf.

Rätselhafte Ursachen

Neben den schon oben genannten Risikofaktoren für den Hochdruck sind kaum Ursachen bekannt. Immerhin weiß man, daß auch Nebenwirkungen von Medikamenten ebenfalls Bluthochdruck verursachen können. Dabei handelt es sich um ephedrinhaltige Präparate, die eine aufputschende Wirkung haben, welche durch die zusätzliche Einnahme von Kaffee oder Tee noch verstärkt werden kann.

> Die Verkalkung von Arterien kann auf der einen Seite Ursache des Bluthochdrucks sein, auf der anderen Seite fördert Bluthochdruck auch eine Verhärtung der Arterien durch ständige Anspannung der Gefäßwände.

Vorsicht vor zuviel Fett!

Die Hauptursache liegt jedoch vermutlich im Bereich des Fettstoffwechsels begründet. Zu viele Fette im Blut können sich in kleinste Verletzungen der Gefäßwandungen einlagern und dort den Blutfluß behindern. Im Laufe der Zeit verkalken diese Ablagerungen durch Umwandlungsprozesse und verringern den Gefäßdurchmesser. Nun kann es zu den gefürchteten Gefäßverschlüssen durch Blutgerinnsel kommen (Thrombosen).

Zuviel tierisches Fett in unserer Ernährung ist die Hauptursache für Gefäßerkrankungen wie Angina pectoris oder Herzinfarkt.

Angina pectoris (Herzenge)

Bei der Angina pectoris sind die Herzkranzgefäße durch Arteriosklerose verengt. Es kommt zu anfallsartig auftretenden Beschwerden, die als Herzenge und Druck auf der Brust empfunden werden. Bei Angina pectoris-Anfällen kommt es zu starken Angstzuständen, die die Symptome verstärken können, weil Angst häufig die Muskulatur noch weiter zusammenzieht.

Fettstoffwechselstörungen

Jeder nimmt mit seiner Nahrung Fette zu sich. Sie sind eine wichtige Energiequelle und werden auch von unserem Organismus beim Aufbau von Zellen und Gewebe gebraucht. Es kann hier also nicht die Rede davon sein, Fette als solche generell zu verteufeln, son-

dern man muß sich bewußt sein, daß erst die Erhöhung des Blut-
fettspiegels über einen bestimmten Bereich hinaus zu Kompli-
kationen im Blutfettstoffwechsel führt.

Fett trübt das Blut

Nach jeder fetthaltigen Mahlzeit kommt es zu einer Trübung
des Blutserums. Im Klartext heißt das: Esse ich am Abend einen Topf Krabbensalat in Mayonnaise, lasse mir am Morgen
Blut abnehmen und sehe mir dieses Blut mittags im
Reagenzglas an, so hat sich eine milchige, trübe, meist gelbli-
che Flüssigkeit abgesetzt.

Deutlicher kann man sich den Fettgehalt unseres Blutes nach fetthaltiger Kost nicht mehr klar machen. Aber unser Organismus baut
das Fett nach einigen Stunden wieder ab. Gefährlich wird eine solche Angelegenheit nur dann, wenn wir über längere Zeiten hinweg
eine zu fetthaltige Ernährung aus überwiegend tierischen Fetten
praktizieren. Dann kommt es zu einer Erhöhung der Blutfettwerte
und damit zu den Voraussetzungen für die Arteriosklerose. Pflanz-
liche Fette führen nicht zu Veränderungen an den Gefäßwänden.

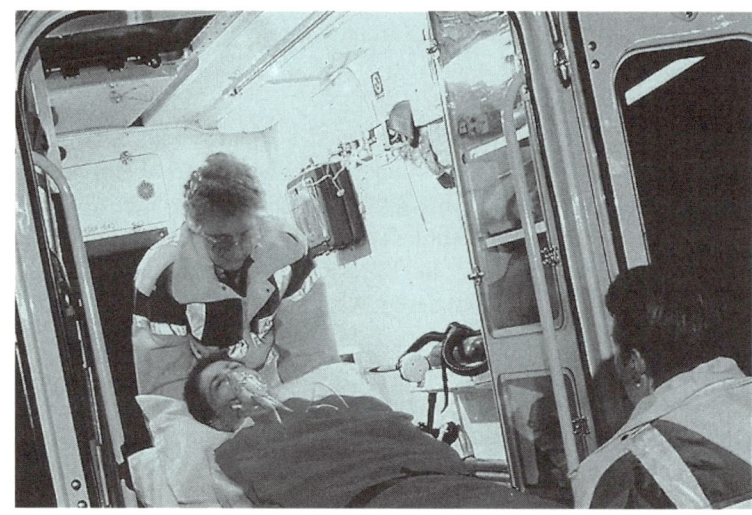

*Der gefürchtete
Herzinfarkt ist die
wohl dramatischste
Herzerkrankung.
Aber auch er läßt
sich mit relativ
wenig Aufwand
vermeiden.*

Herzinfarkt

Verhärten sich die koronaren Gefäße (die Gefäße, die den Herz-muskel versorgen) und verschließt ein Pfropf die Zufuhr von Blut zum Herzen, spricht man vom Herzinfarkt.

Die Tatsache, welche Arterie an welcher Stelle betroffen ist und wieviel Herzmuskelgewebe nicht mehr mit Blut versorgt werden kann, entscheidet über die Schwere des Infarktes.

Hypotonie (niedriger Blutdruck)

In vielen Ländern wird niedriger Blutdruck gar nicht als Krankheit gesehen. Dort spricht man von der »german disease«. Wer unter niedrigem Blutdruck leidet, kann uralt werden, meinen viele Ärzte.

Verhaltensbedingte Ursachen

Ernährungsgewohnheiten und Rauchen gehören zu den gefährlich-sten Verhaltensweisen, die Herz-Kreislauf-Erkrankungen auslösen können. Hinzu kommen Bewegungsmangel und Streßdauerbe-lastungen.

Mental gegensteuern

Wir können diese Risikofaktoren mindern, in dem wir unser Ver-halten ändern. Das ist natürlich nicht so einfach, wie es auf den er-sten Blick erscheint, aber es ist auch bei weitem nicht so schwer, wie manche Menschen glauben.

Die Belastung durch Stressoren können wir durch verstärkte Ein-beziehung von Entspannungsübungen in unseren Alltag ein wenig abschwächen und damit zumindest teilweise kompensieren.

Unsere Gedanken und Gefühle der Hilflosigkeit verhindern, daß wir Verhaltensänderungen, die Herz-Kreislauf-Erkrankungen ver-meiden würden, nicht praktizieren. Also müssen wir im Bereich der Motivation ansetzen, um hier etwas zu bewegen.

Es gibt eine ganze Reihe von Möglichkeiten, die Risikofaktoren zum Beispiel für einen Herzinfarkt oder für Arteriosklerose zu eli-minieren, indem wir uns motivieren, zum Beispiel mit dem Rau-chen aufzuhören, uns mehr zu bewegen oder uns anders, also fett-ärmer und damit gesünder, zu ernähren.

Neben zu fetthaltiger Kost sind Bewegungs-mangel, Streß und Nikotin die Hauptursachen für Erkran-kungen des Kreislaufs. Sie haben also viele Möglichkeiten, hier etwas für Ihre Gesundheit zu tun!

191

So können Sie Ihre Schwierigkeiten bei Herz-Kreislauf-Problemen lösen

Der erste Schritt: Welche Einstellung haben Sie zu Herzproblemen?

Nehmen Sie sich Probleme zu sehr zu Herzen? Was bereitet Ihnen Herzeleid? Entschlüsseln Sie die Symbolik Ihres Herzens und kommen Sie Problemen in Ihrer Lebensführung auf den Grund.

Was haben Ihre Herzprobleme zu bedeuten? Was möchte Ihnen Ihr Herz ganz dringend mitteilen? Können Sie diese Symbolik entschlüsseln und danach handeln?

Der zweite Schritt: Die genaue Problemdefinition

Überlegen Sie genau, woher Ihre Schwierigkeiten kommen könnten! Schreiben Sie sich alles darüber auf!

Die genaue Situationsanalyse

Machen Sie sich eine genaue Situationsanalyse mit Hilfe einer Selbstbeobachtung. Wann treten die Symptome auf?

Die ungefähre Zielanalyse

Was ist eigentlich Ihr Ziel? Wo wollen Sie genau hin?

Bestehen Konflikte zwischen Situation und Ziel?

Gibt es einen Konflikt zwischen Ihren Zielen und der auslösenden Situation?

Das Problem wird strukturiert

Teilen Sie Ihre Probleme in mehrere Einzelteile auf und sehen sich diese genauer an. Bleiben Sie dabei aber nicht am Symptom kleben, sondern wenden sich den eigentlichen Ursachen zu.

Der dritte Schritt: Welche Alternativen habe ich?

Überlegen Sie genau, welche Alternativen Sie haben. Sammeln Sie diese und schreiben Sie sie auf!

Der vierte Schritt: Ich entscheide mich für eine Lösung!

Welche Konsequenzen wird das haben?
Ich bewerte die verschiedenen Lösungen
Ich vergleiche die Lösungen untereinander

Der fünfte Schritt: Ich überprüfe später meinen Lösungsweg und die gemachten Erfahrungen

Erfolgreich oder noch einmal von vorne?

Selbsthilfeübungen bei Herz-Kreislauf-Erkrankungen

Weltweit durchgeführte Untersuchungen belegen die Wirksamkeit von Maßnahmen im Bereich der Verhaltensänderungen. Der amerikanische Kardiologe Dr. Dean Ornish wies nach, daß allein durch die konsequente Umstellung der Ernährung auf fettarme Kost, absolutes Rauchverbot, Entspannungsübungen und ein gemäßigtes Bewegungstraining bei etwa 80 Prozent seiner Patienten die Gefäßverengungen zurückgingen.

Vorbeugen ist leicht

Ähnliche Ergebnisse werden neuerdings auch in deutschen Studien erzielt. Konsequente Verhaltensänderungen in den vier Hauptbereichen: Ernährung, Bewegung, Entspannung, Rauchen können in nur einem Jahr zu einer spürbaren und sichtbaren Verbesserung der koronaren Erkrankungen führen!

1. Übung: Motivation stärken zur Verhaltensänderung bei der Ernährung

1
Nehmen Sie eine entspannte Haltung ein, und schließen Sie langsam die Augen.

2
Entspannen Sie sich zunächst mit einer Minimuskelrelaxation.

3
Sprechen Sie nun folgende Formel: »Ich stelle meine Ernährung so um, daß sie meine Gesundheit fördert!«

4
Wiederholen Sie diesen Satz mindestens sechsmal.

5
Entspannen Sie sich noch einmal mit einer Minimuskelrelaxation.

6
Visualisieren Sie nun, wie Sie sich in einen Buchladen begeben und sich ein Buch über gesunde Ernährung kaufen.

7
Visualisieren Sie dann, wie Sie noch in der Buchhandlung in diesem Buch lesen.

8
Stellen Sie sich danach vor, wie Sie zu Hause nach den Rezepten in diesem Buch Nahrungsmittel zubereiten.

1. Übung: Motivation stärken zur Verhaltensänderung bei der Ernährung

9

Zum Abschluß sehen Sie sich körperlich fit und gesund ernährt. Achten Sie dabei auf Ihren Gesichtsausdruck. Sie lachen entspannt und froh!

10

Führen Sie zum Abschluß noch einmal eine Minimuskelrelaxation durch, und wiederholen Sie die Formel: »Ich stelle meine Ernährung so um, daß sie meine Gesundheit fördert!«

11

Zählen Sie rückwärts von fünf bis null, spannen die Armmuskeln an, atmen tief durch und öffnen die Augen. Fühlen Sie die Entspannung in Ihrem Körper.

2. Übung: Motivation stärken zur Verhaltensänderung beim Sport

1

Nehmen Sie eine entspannte Haltung ein, und schließen Sie die Augen.

2

Entspannen Sie sich zunächst mit einer Minimuskelrelaxation.

3

Sprechen Sie nun folgende Formel: »Ich treibe regelmäßig xyz!« Setzen Sie hier eine Sportart ein.

4

Wiederholen Sie diesen Satz mindestens sechsmal.

5

Entspannen Sie sich noch einmal mit einer Minimuskelrelaxation.

6

Visualisieren Sie nun, wie Sie sich in einen Buchladen begeben und sich ein Buch über Freizeitsport kaufen.

7

Visualisieren Sie, wie Sie noch in der Buchhandlung in diesem Buch lesen.

8

Stellen Sie sich vor, wie Sie zu Hause anfangen, Sport zu treiben.

9

Zum Abschluß sehen Sie sich körperlich fit und leistungsfähig.

10

Führen Sie zum Abschluß noch einmal eine Minimuskelrelaxation durch, und wiederholen Sie die Formel: »Ich treibe regelmäßig xyz!«

11

Zählen Sie rückwärts von fünf bis null, spannen die Armmuskeln an, atmen tief durch und öffnen die Augen.

3. Übung: Motivation stärken zur Verhaltensänderung beim Rauchen

1

Nehmen Sie eine entspannte Haltung ein, und schließen Sie die Augen.

2

Entspannen Sie sich zunächst mit einer Minimuskelrelaxation.

3

Sprechen Sie nun folgende Formel: »Ich höre auf zu rauchen!«

4

Wiederholen Sie diesen Satz mindestens sechsmal.

5

Entspannen Sie sich noch einmal mit einer Minimuskelrelaxation.

6

Visualisieren Sie nun, wie Sie sich in einen Buchladen begeben und sich ein Buch über ein Antirauchprogramm kaufen.

7

Visualisieren Sie, wie Sie noch in der Buchhandlung in diesem Buch lesen und sich Gedanken über Ihre künftige Lebensführung machen.

8

Stellen Sie sich dann vor, wie Sie zu Hause nach den Vorschlägen aus diesem Buch anfangen, das Rauchen einzustellen.

9

Zum Abschluß sehen Sie sich körperlich fit. Achten Sie dabei auf Ihren Gesichtsausdruck. Sie lachen entspannt und froh!

10

Führen Sie noch einmal zum Abschluß eine Minimuskelrelaxation durch, und wiederholen Sie die Formel: »Ich höre auf zu rauchen!«

11

Zählen Sie rückwärts von fünf bis null, spannen die Armmuskeln an, atmen tief durch und öffnen die Augen. Fühlen Sie die Entspannung in Ihrem Körper.

Weitere Selbsthilfemaßnahmen bei Herz-Kreislauf-Eerkrankungen
- Verschaffen Sie sich mehr Bewegung
- Reduzieren Sie das Rauchen (oder geben Sie es ganz auf)
- Stellen Sie Ihre Ernährung auf eine fettarme Ernährung um
- Bauen Sie eventuelles Übergewicht ab
- Sorgen Sie für eine ausgeglichene Lebensführung

VERDAUUNG UND AUSSCHEIDUNG

Das Verdauungssystem – Mund, Speicheldrüsen, Speiseröhre, Magen, Leber, Gallenblase, Bauchspeicheldrüse und verschiedene Darmabschnitte – bereitet die aufgenommene Nahrung auf und verwertet die dabei entstandenen Substanzen zum Aufbau von Gewebe und zur Energiegewinnung. Die meisten Menschen ahnen nicht einmal, wie sehr ihre Gemütszustände vom Essen beeinflußt werden.

Aufnehmen – verdauen – ausscheiden

Das Verdauungssystem

Das Verdauungssystem ist ein komplexes System, das aus verschiedenen Organsystemen besteht. Es beginnt mit dem Mund und den Speicheldrüsen. Aber auch die Muskeln am Kopf, die den Kauvorgang ermöglichen, und die Zähne gehören dazu. Die Speiseröhre mit dem Magen und dem Darm bildet einen zehn Meter langen (!) Verdauungskanal, der mit den Lippen beginnt und mit dem Anusschließmuskel endet. In diesen Kanal werden alle Nahrungsbestandteile in verschiedene Substanzen zerlegt, die entweder vom Organismus als Nährstoffe verwendet oder als unverdaulich ausgeschieden werden.

Zehn Meter lang wäre unser Verdauungstrakt, wenn wir Speiseröhre, Magen und Darm in gerader Linie auslegen würden!

Das Ausscheidungssystem

Damit der Körper seine Abfallprodukte abführen kann, stehen ihm verschiedene Systeme zur Verfügung: das Harnwegsystem, das Gallenwegsystem, der Dickdarm und die Schweißdrüsen. Diese Systeme haben einen engen Zusammenhang zu seelischen Zuständen des Organismus.

Bei den Abfallprodukten handelt es sich zum einen um nicht verwertbare Nahrungbestandteile, und zum anderen um Stoffwechselprodukte, giftige chemische Substanzen und Abbauprodukte von Körperzellen oder Krankheitserregern.

Lungen, Nieren, Darm, Leber und Haut verhindern so, daß wir uns selbst vergiften. (Die Lunge führt, wie wir schon dargestellt haben, das giftige Kohlendioxid ab).

Magen-Darmprobleme

Ursachen für die meisten Magen-Darmprobleme sind Störungen der normalen Verdauung durch das menschliche Verhalten in Streß- oder Krisensituationen.

Der nervöse Magen

Wer beim Essen Zeitung liest oder gar fernsieht, sich mit anderen angeregt unterhält oder sich über andere aufregt, bekommt über kurz oder lang eine ganze Reihe von Verdauungsstörungen.

Eine der am häufigsten vorkommende Magenstörungen ist der sogenannte »nervöse Magen«. Es handelt sich um ein Magenproblem, das durch vegetative Störungen hervorgerufen wird und meist nach dem Essen auftritt.

Beschwerden bei nervösem Magen:

- Blähungen und Völlegefühl
- Sodbrennen und trockener Mund
- Schmerzen im Oberbauch
- Aufstoßen, Appetitlosigkeit
- Übelkeit und Erbrechen

Blähungen und Völlegefühl

Ihr Magen braucht Muße für seine Arbeit! Wer beim Essen fernsieht, Zeitung liest oder aufregende Debatten führt, stört seine Verdauung.

Sie entstehen durch schnelles Essen und mangelhaftes Kauen. Die Nahrung wird beim Kauen nicht ausreichend vorverdaut und gelangt in Stücken in den Magen. Dort bleibt sie zu lange und beginnt zu gären. Dabei entstehen Gase, die den Magenumfang vergrößern und in einzelnen Fällen sogar das Herz beeinträchtigen und zu Herzstichen führen (Roemheld-Syndrom).

Chronische Gastritis

Nicht immer muß die chronische Gastritis, die dauernde Entzündung der Magenschleimhaut, zu Beschwerden führen. In den meisten Fällen treten aber nach dem Essen Schmerzen, Völle- und Druckgefühle auf.

Magen- und Zwölffingerdarmgeschwür

Das Magengeschwür ist eine der häufigsten Zivilisationskrankheiten. Es handelt sich bei diesem Geschwür um einen Defekt in der Schleimhaut des Magens. Es kann in die muskulöse Magenwand eindringen und sie durchbrechen (Lebensgefahr!).

Die ersten Anzeichen für ein Magengeschwür sind ähnlich wie bei anderen Magenbeschwerden und von daher für den Laien nur schwer zu unterscheiden. Nur der Gang zum Arzt kann hier nähere Aufschlüsse bringen. Es kommt zu Druckempfindungen und Völlegefühlen direkt nach den Mahlzeiten.

Die wichtigsten Ursachen der Funktionsstörungen

Bei allen Magen-Darm-Erkrankungen werden psychosoziale Faktoren entweder als allein auslösend oder als begleitend und verstärkend angesehen. Hier ist neben falscher Ernährung vor allem mangelnde Bewegung zu nennen. Wer nur noch sitzende Tätigkeiten ausführt und Treppensteigen durch Fahrstuhlfahren ersetzt, bekommt in der Regel sehr schnell einen träge arbeitenden Darm. Fehlernährung durch industriell hergestellte Nahrungsmittel ohne notwendige Substanzen und Biostoffe nehmen dem Körper den Anreiz zur Verdauung. Zu schweres und zu fettes Essen belastet den Magen-Darm-Trakt; zuviel Industriezucker in Süßigkeiten tut ein übriges.

Gerade im Magen-Darm-Bereich wird eine Fülle von Medikamenten angeboten, die allesamt in ihrer Wirksamkeit nicht unumstritten sind. Hier handelt es sich vor allem um Präparate, die den Magen entschäumen sollen.

Wie können unsere Gedanken und Gefühle helfen?

Auf die Sprache der Organe hören!

Wer mit dem Magen-Darm-Bereich Probleme hat, hat seine Schwierigkeiten im Bereich des Verdauens von Problemen auf seine Körperebene verlagert.

Hilfreiche Fragen bei Problemen im Magen-Darm-Bereich
- Was kann ich nicht mehr verdauen?
- Was macht mir Schwierigkeiten?
- Was belastet mich?
- Wie gehe ich mit Gefühlen um?
- Was macht mir das Leben schwer?

Änderung des Eßverhaltens

Wer also möchte, daß sein Verdauungssystem richtig und entspannt arbeiten kann, sollte sich beim Essen auch nur mit dem Essen befassen. Die Konzentration aufs Essen führt zu vermehrtem Speichelfluß, damit zu einer besseren Vorverdauung im Mund. Die Verdauung im Magen und Darm wird erleichtert.

Zusätzliche Tips bei Magen-Darmproblemen

- Essen Sie langsam
- Konzentrieren Sie sich nur auf das Essen. Lassen Sie sich nicht durch den Fernsehapparat oder anstrengende Gespräche ablenken
- Kauen Sie lange
- Essen Sie morgens viel, mittags etwas weniger, abends nur ganz wenig
- Sorgen Sie für ausreichende Bewegung. Dadurch wird auch Ihr Darm fit
- Reduzieren Sie den Kaffee- und Teekonsum (grüne und schwarze Tees)
- Probieren Sie Heiltees gegen Magenprobleme aus
- Versuchen Sie Ihre eigentlichen (seelischen) Probleme parallel zu bearbeiten. Diesen Punkt dürfen Sie nicht vergessen, sonst wird jede Behandlung nur symptomatisch bleiben

Arzneimittel verschleiern viel! Die vorübergehende Besserung durch die Einnahme solcher Präparate kann, wie bei vielen anderen Medikamenten, auch dazu verführen, nichts Grundsätzliches an der Lebensführung zu ändern.

Schwierigkeiten bei Magen-Darm-Problemen lösen

Der erste Schritt: Welche Einstellung haben Sie zu Magen-Darm-Problemen?
Was haben diese Schwierigkeiten zu bedeuten? Was möchte Ihnen dieses Organ sagen? Können Sie diese Signale entschlüsseln und etwas damit anfangen?

Der zweite Schritt: Die genaue Problemdefinition
Überlegen Sie genau, woher Ihre Schwierigkeiten kommen könnten! Schreiben Sie sich alles darüber auf!
Die genaue Situationsanalyse
Machen Sie sich eine genaue Situationsanalyse mit Hilfe einer Selbstbeobachtung. Wann treten die Symptome auf?
Die ungefähre Zielanalyse
Was ist eigentlich Ihr Ziel? Wo wollen Sie genau hin?
Bestehen Konflikte zwischen Situation und Ziel?
Gibt es einen Konflikt zwischen Ihren Zielen und der auslösenden Situation?

Das Problem wird strukturiert
Teilen Sie Ihre Probleme in mehrere Einzelteile auf, und sehen Sie
sich diese genauer an. Bleiben Sie dabei aber nicht am Symptom
kleben, sondern wenden Sie sich den eigentlichen Ursachen zu.

Der dritte Schritt: Welche Alternativen habe ich?
Überlegen Sie genau, welche Alternativen Sie haben. Sammeln Sie
diese, und schreiben Sie sie auf!

Der vierte Schritt: Ich entscheide mich für eine Lösung!
Welche Konsequenzen wird das haben?
Ich bewerte die verschiedenen Lösungen
Ich vergleiche die Lösungen untereinander

**Der fünfte Schritt: Ich überprüfe später meinen Lösungsweg
und die gemachten Erfahrungen**
Erfolgreich oder noch einmal von vorn?

1. Übung: Ruhe für den Reizmagen

1
Nehmen Sie eine bequeme Sitzhaltung
ein, und schließen Sie die Augen.

2
Konzentrieren Sie sich einen Moment
lang auf Ihren Atem, und begleiten Sie
in Gedanken Ihre Atemzüge. Atmen Sie
dabei ruhig und gleichmäßig weiter. Ein
und aus. Ein und aus. Ganz ruhig und
ganz regelmäßig. Atmen Sie versuchsweise einmal mit dem Bauch, einmal
mit der Brust, dann lassen Sie einfach
Ihren persönlichen Atemrhythmus zu.
Verlassen Sie nun mit Ihrer Konzentration Ihren Atem. Ihr Körper kümmert
sich selbst darum.

3
Gehen Sie nun mit Ihrer Aufmerksamkeit in den Magen-Darm-Bereich.

4
Stellen Sie sich jetzt vor, wie sich Ihr
Magen anspannt und entspannt, um seine Arbeit zu tun. Dabei wird er leider
von der alltäglichen Hektik gestört. Er
verkrampft sich.
Bleiben Sie einen Moment lang bei dieser Vorstellung, und stellen Sie sich vor,
wie Ihr Magen sich zusammenzieht.

1. Übung: Ruhe für den Reizmagen

5

Stellen Sie sich nun vor, wie Sie Ihren Magen beruhigen und ihn wieder entspannen. Spüren Sie, wie die Magenmuskeln sich ausdehnen und wie sich die Verkrampfung löst. Spüren Sie, wie sich die Entspannung in Ihrem Magen ausbreitet, wie sie tiefer und tiefer wird.

6

Stellen Sie sich nun vor, wie Ihr Magen wieder zu einem normalen Rhythmus zurückfindet und sich bei Bedarf so bewegt, wie es für die Verdauung Ihrer Nahrung notwendig ist. Er muß sich bewegen, aber er braucht nicht nervös zu reagieren.

7

Nun können Sie sich mit möglichst vielen Sinnen über Ihren Erfolg freuen. Versuchen Sie, mit all Ihren Sinnen Freude über diesen Erfolg zu empfinden.
Stellen Sie sich Ihren Magen als Gesicht vor, sehen Sie, wie dieses Gesicht sich zu einem Lachen verzieht, wie der Magen sich freut, daß Sie endlich gelernt haben, sich für ihn zu entspannen und ihm seine Arbeit erleichtern.

8

Loben Sie sich selbst! Sie brauchen jetzt Zuspruch, denn Sie haben eine fast unmögliche Aufgabe bewältigt. Sie sind dabei, Ihren Verdauungsorganen Ihre schwere Arbeit zu erleichtern. Bekräftigen Sie sich selbst, indem Sie sich selbst auf die Schulter klopfen und sagen: »Das hast Du gut gemacht. Sehr gut sogar!«

9

Bekräftigen Sie Ihre Übungen, indem Sie sich selbst öfters erfolgreich diese Übung durchführen sehen, und wie Sie dann spüren, wie Ihr Magen sich entspannen kann, um seine Arbeit wieder ohne Störungen aufnehmen zu können.

10

Stellen Sie sich nun noch vor, welche anderen Möglichkeiten Sie haben, um Ihrem Magen zu helfen. Denken Sie daran, was Sie essen, wie Sie essen und vor allem, was Sie daran eventuell ändern können und wollen. Setzen Sie sich weitere Ziele, um Ihren Organen zu helfen.

11

Sie können jetzt rückwärts von fünf nach null zählen und die Augen öffnen.

12

Führen Sie die Minimuskelrelaxation durch, und spüren Sie die Entspannung, wie sie sich in Ihrem Körper, aber vor allem im Magen ausbreitet.

2. Übung: Entzündungen im Magen-Darm-Bereich reduzieren helfen

1

Nehmen Sie eine bequeme Sitzhaltung ein, und schließen Sie die Augen.

2

Konzentrieren Sie sich einen Moment lang auf Ihren Atem, und begleiten Sie in Gedanken Ihre Atemzüge. Atmen Sie dabei ruhig und gleichmäßig weiter. Ein und aus. Ein und aus. Ganz ruhig und ganz regelmäßig. Atmen Sie versuchsweise einmal mit dem Bauch, einmal mit der Brust, dann lassen Sie einfach Ihren persönlichen Atemrhythmus zu. Verlassen Sie nun mit Ihrer Konzentration Ihren Atem. Ihr Körper kümmert sich selbst darum.

3

Gehen Sie nun mit Ihrer Aufmerksamkeit in den Magen-Darm-Bereich.

4

Stellen Sie sich jetzt vor, wie sich an den Innenwänden des Magens die Schleimhäute verändert haben. Überall befinden sich kleine Löcher darin, der Magensaft kann die Mageninnenwand reizen und sie entzünden. Bleiben Sie einen Moment bei dieser Vorstellung.

5

Stellen Sie sich nun vor, wie Sie Ihre Schleimhäute reparieren, indem Sie Reparaturzellen zu den Löchern schicken, die sich an die Ausbesse-rungsarbeiten machen und beginnen, die Schleimhäute zu flicken.

6

Stellen Sie sich vor, wie diese Arbeiten erfolgreich und die Löcher repariert sind. Die Schleimhäute sind wieder intakt.

7

Nun können Sie sich mit möglichst vielen Sinnen über Ihren Erfolg freuen. Versuchen Sie, mit all Ihren Sinnen Freude über diesen Erfolg zu empfinden. Stellen Sie sich Ihre Schleimhäute im Magen vor, wie sie heil sind und allen aggressiven Säuren standhalten können. Freuen Sie sich mit Ihrem Magen darüber, der seine Arbeit nun wieder richtig machen kann!

8

Loben Sie sich selbst! Sie brauchen jetzt Zuspruch, denn Sie haben eine fast unmögliche Aufgabe bewältigt. Sie sind dabei, Ihren Verdauungsorganen die Arbeit zu erleichtern. Bekräftigen Sie sich, indem Sie sich selbst auf die Schulter klopfen und sagen: »Das hast Du gut gemacht. Sehr gut sogar!«

9

Bekräftigen Sie Ihre Übungen, indem Sie sich selbst öfters erfolgreich diese Übung durchführen sehen und wie Sie dann spüren, wie Ihr Magen sich ent-

2. Übung: Entzündungen im Magen-Darm-Bereich reduzieren helfen

spannen kann, um seine Arbeit wieder ohne Störungen aufnehmen zu können.

10

Stellen Sie sich nun noch vor, welche anderen Möglichkeiten Sie haben, um Ihrem Magen zu helfen. Denken Sie daran, was Sie essen, wie Sie essen und vor allem, was Sie daran eventuell ändern können und wollen. Setzen Sie

sich weitere Ziele, um Ihren Organen zu helfen.

11

Sie können jetzt rückwärts von fünf nach null zählen und die Augen öffnen.

12

Führen Sie die Minimuskelrelaxation durch und spüren die Entspannung, wie sie sich in Ihrem Körper ausbreitet.

3. Übung: Geschwüre bilden sich zurück

1

Nehmen Sie eine bequeme Sitzhaltung ein, und schließen Sie die Augen.

2

Konzentrieren Sie sich einen Moment lang auf Ihren Atem, und begleiten Sie in Gedanken Ihre Atemzüge. Atmen Sie dabei ruhig und gleichmäßig weiter. Verlassen Sie nun mit Ihrer Konzentration Ihren Atem. Ihr Körper kümmert sich nun selbst darum.

3

Gehen Sie nun mit Ihrer Aufmerksamkeit in den Magen-Darm-Bereich.

4

Stellen Sie sich jetzt vor, wie sich an den Innenwänden des Magens die Schleimhäute verändert haben. Es ha-

ben sich ein paar kleine Geschwüre gebildet, die auch ein wenig bluten. Bleiben Sie einen Moment bei dieser Vorstellung.

5

Stellen Sie sich nun vor, wie Sie Ihre Immunpolizei mobilisieren, um diese Geschwüre abzubauen. Dabei werden zunächst die Wunden mit einem Stoff geschlossen und hören auf zu bluten. Die Immunpolizei baut die überschüssigen Abfallprodukte dabei ab und schwemmt sie fort. Große Immunzellen fressen diese Reste auf und werden von anderen Zellen gefressen und aufgelöst.

6

Stellen Sie sich nun vor, wie diese Arbeiten erfolgreich sind, und die Geschwüre sich langsam zurückbilden

3. Übung: Geschwüre bilden sich zurück

und dann vernarben. Solange, bis sie ganz weg sind, bis auf eine kleine Narbe an der Magenwand. Danach schließen sich die Schleimhäute darüber wieder und schirmen die Stelle ab.

7

Nun können Sie sich mit möglichst vielen Sinnen über Ihren Erfolg freuen. Stellen Sie sich Ihre abgeheilten Geschwüre vor, die Schleimhäute im Magen, wie sie wieder heil sind und allen aggressiven Säuren standhalten können. Freuen Sie sich mit Ihrem Magen darüber, der nun wieder richtig seine Arbeit machen kann!

8

Loben Sie sich selbst! Sie brauchen jetzt Zuspruch, denn Sie haben eine fast unmögliche Aufgabe bewältigt. Sie sind dabei, Ihren Verdauungsorganen die Arbeit zu erleichtern. Bekräftigen Sie sich, indem Sie sich selbst auf die Schulter klopfen und sagen: »Das hast Du gut gemacht. Sehr gut sogar!«

9

Bekräftigen Sie Ihre Übungen, indem Sie sich selbst öfters erfolgreich diese Übung durchführen sehen, und wie Sie spüren, wie Ihr Magen sich entspannen kann, um seine Arbeit ohne Störungen wieder aufnehmen zu können.

10

Stellen Sie sich nun noch vor, welche anderen Möglichkeiten Sie haben, um Ihrem Magen zu helfen. Denken Sie daran, was Sie essen, wie Sie essen und vor allem, was Sie daran ändern können und wollen. Setzen Sie sich weitere Ziele, um Ihren Organen zu helfen.

11

Sie können jetzt rückwärts von fünf nach null zählen und die Augen öffnen.

12

Führen Sie die Minimuskelrelaxation durch und spüren die Entspannung, wie sie sich in Ihrem Körper, aber vor allem im Magen ausbreitet.

Selbsthilfeübungen bei nervösen Magenbeschwerden

An erster Stelle steht hier die Entspannung. Schon die Durchführung von Entspannungsverfahren allein kann nervöse Magenbeschwerden völlig zu Verschwinden bringen. Nähere Informationen finden Sie im Kapitel »Ruhig und gelassen« auf Seite 24. Außerdem können Sie mit zusätzlichen Visualisierungsübungen speziell auf die Verdauung ausgerichtete Effekte erzielen und damit Ihre Magenprobleme zum Verschwinden bringen.

Bildnachweis

Das Fotoarchiv: 29 (Bernhard Nimtsch), 58 (Oswald Baumeister), 95 (Thomas Mayer); IFA - Bilderteam: 32 (Comnet), 40 (Diaf), 64 (Weststock), 84 (Bumann); Mauritius: 2, 160 (Hubatka), 112 (Rawi), 165 (Mitterer), 172 (Phototake), 175 (Rossenbach), 182 (Hubatka), 196 (Stock Shop); Alfred Pasieka: 100, 110, 130, 134, 142; Tony Stone: Titelbild (U1) (Chris Harvey), 8 (Peter Correz), 14 (Gary Nolton), 20 (Bruce Ayres), 24 (James Darell), 44 (Jürgen Reisch), 74 (Daniel J. Cox), 102 (Lori Adamski Peek), 150 (David Madison), 190 (Chris Baker); Transglobe: 7 (Jerrican), 61 (Index Stock, Tom Rickles), 178 (R. Daroll)

© 1995 Südwest Verlag GmbH & Co. KG, München
Alle Rechte vorbehalten
Redaktion: Dr. Alex Klubertanz
Medizinische Fachberatung:
Dr. med. Christiane Lentz
Redaktionsleitung: Ernst Dahlke
Bildredaktion:
Gabriele Duschl-Schwerberger
Produktion: Manfred Metzger
Umschlag und Layout:
Heinz Kraxenberger, München
DTP/Satz: Wolfgang Lehner
Druck und Bindung: Legoprint, Trento
Printed in Italy

Gedruckt auf chlor- und säurearmem Papier

ISBN 3-517-01689-6

Hinweis

Alle Angaben in diesem Buch beruhen auf dem aktuellen Stand von Wissenschaft und Forschung. Der Leser darf darauf vertrauen, daß alle Hinweise auf Therapien beziehungsweise Dosierungen ebenfalls diesem Stand entsprechen; dies gilt insbesondere auch für alle Anregungen zur Selbstbehandlung.
Grundsätzlich sollten jedoch alle Befindlichkeitsstörungen mit einem Arzt besprochen werden, ehe eine Selbstbehandlung vorgenommen wird.
Insbesondere sollte abgeklärt werden, daß etwaige vorliegende Beschwerden nicht Symptome von Krankheiten sind, die dringender ärztlicher Behandlung bedürfen.
Weil bei jeder Therapie immer die genauen Umstände des Einzelfalls berücksichtigt werden müssen, sollten auch alle in diesem Buch empfohlenen Anwendungen mit dem Arzt besprochen werden.
Für den Erfolg beziehungsweise die Richtigkeit der Anwendungen können Autoren, Redaktion und Verlag deshalb keine Gewähr übernehmen.

Register